SÉRIE FORMAÇÃO PROFISSIONAL EM SERVIÇO SOCIAL

DIALÓGICA

EDITORA intersaberes

O selo DIALÓGICA da Editora InterSaberes faz referência às publicações que privilegiam uma linguagem na qual o autor dialoga com o leitor por meio de recursos textuais e visuais, o que torna o conteúdo muito mais dinâmico. São livros que criam um ambiente de interação com o leitor – seu universo cultural, social e de elaboração de conhecimentos –, possibilitando um real processo de interlocução para que a comunicação se efetive.

Estágio supervisionado na formação do assistente social

Adriane Bührer Baglioli Brun
Sandra Aparecida Silva dos Santos

EDITORA intersaberes

Conselho editorial
Dr. Ivo José Both (presidente)
Dr.ª Elena Godoy
Dr. Neri dos Santos
Dr. Ulf Gregor Baranow

Editora-chefe
Lindsay Azambuja

Supervisora editorial
Ariadne Nunes Wenger

Analista editorial
Ariel Martins

Preparação de originais
Cezak Shoji Serviços Editoriais

Edição de texto
Arte e Texto Edição e Revisão de Textos

Projeto gráfico
Laís Galvão

Capa
Laís Galvão (*design*)
Frank Gaertner/Shutterstock (imagem)

Diagramação
Mango Design

Equipe de *design*
Luana Machado Amaro
Charles L. da Silva

Iconografia
Sandra Lopis da Silveira
Regina Claudia Cruz Prestes

Dados Internacionais de Catalogação na Publicação (CIP)
(Câmara Brasileira do Livro, SP, Brasil)

Brun, Adriane Bührer Baglioli
    Estágio supervisionado na formação do assistente social/ Adriane Bührer Baglioli Brun, Sandra Aparecida Silva dos Santos. Curitiba: InterSaberes, 2019. (Série Formação Profissional em Serviço Social)

    Bibliografia.
    ISBN 978-85-227-0104-9

    1. Assistentes sociais – Prática profissional 2. Estágio 3. Serviço social – Pesquisa 4. Serviço social como profissão I. Santos, Sandra Aparecida Silva dos. II. Título. III. Série.

19-27967   CDD-361.3023

Índices para catálogo sistemático:
1. Assistentes sociais: Prática profissional: Estágio: Serviço social   361.3023

Cibele Maria Dias – Bibliotecária – CRB-8/9427

1ª edição, 2019.
Foi feito o depósito legal.

Informamos que é de inteira responsabilidade das autoras a emissão de conceitos.

Nenhuma parte desta publicação poderá ser reproduzida por qualquer meio ou forma sem a prévia autorização da Editora InterSaberes.

A violação dos direitos autorais é crime estabelecido na Lei n. 9.610/1998 e punido pelo art. 184 do Código Penal.

Rua Clara Vendramin, 58 ▪ Mossunguê ▪ CEP 81200-170 ▪ Curitiba ▪ PR ▪ Brasil
Fone: (41) 2106-4170 ▪ www.intersaberes.com ▪ editora@editoraintersaberes.com.br

Sumário

Prefácio | 7
Apresentação | 11
Como aproveitar ao máximo este livro | 16

1. **Exercício do trabalho profissional em suas dimensões teórico-metodológica, ético-política e técnico-operativa | 21**
   1.1 Trajetória histórica do apreender do exercício profissional do assistente social | 23
   1.2 Dimensão teórico-metodológica do serviço social | 30
   1.3 Dimensão ético-política do serviço social | 37
   1.4 Dimensão técnico-operativa do serviço social | 43

2. **Estágio supervisionado e sua relação com o Código de Ética e o Projeto Ético-Político | 55**
   2.1 Estágio como espaço de aprendizagem | 57
   2.2 Estágio e compromisso com o projeto profissional do serviço social | 63
   2.3 Código de Ética na prática do assistente social e na realização do estágio: uma relação inseparável | 69

3. **Indissociabilidade entre ensino, pesquisa e extensão | 85**
   3.1 Ensino em serviço social | 89
   3.2 Pesquisa em serviço social | 94
   3.3 Extensão e serviço social | 100

4. **Interdisciplinaridade e relação com o estágio supervisionado | 111**
   4.1 Multidisciplinaridade | 114
   4.2 Interdisciplinaridade | 117

5. Supervisão de estágio e seu impacto na formação do assistente social | 127
   5.1 Histórico da supervisão de estágio em serviço social | 130
   5.2 Legislação de estágio | 131
   5.3 Supervisão de estágio em serviço social | 139

6. Desafios impostos à formação, ao estágio e à supervisão de estágio | 167
   6.1 Desafios da formação em Serviço Social na contemporaneidade | 169
   6.2 Desafios na concretização do estágio em serviço social | 177
   6.3 Desafios impostos à supervisão acadêmica | 184
   6.4 Desafios impostos à supervisão de campo | 189
   6.5 Desafios impostos ao estagiário | 193

Para concluir... | 203
Referências | 207
Respostas | 219
Sobre as autoras | 225

Prefácio

Vou iniciar este prefácio com uma pergunta que consta no início do sumário: "Como aproveitar ao máximo esse livro"? Acredito que seja um bom começo para demonstrar a importância da obra que você, leitor, encontra em suas mãos neste momento.

Nesta obra, as professoras Adriane e Sandra desenvolveram um conteúdo sobre o estágio supervisionado de maneira leve, mas extremamente comprometida e fundamentada, como exige o teor do tema.

O estágio supervisionado é o momento da vida acadêmica em que vemos, como professores, a construção da consciência do aluno sobre a profissão que levará adiante por toda a sua vida. Para além dos espaços de trabalho, o aluno levará consigo os conhecimentos que fundamentam e edificam o projeto de sociedade pretendido pela perspectiva da justiça social, conforme os princípios democráticos, crendo, dia após dia, que é possível construir a cidadania com ética e responsabilidade.

Durante a leitura desta obra, você encontrará questões estruturantes e instigantes para pensar e observar o trabalho profissional, como as discussões sobre as dimensões presentes no processo de formação – teórico-metodológica, ético-política e técnico-operativo. Além disso, o pensar e o fazer, e o fazer com conteúdo pensado são os desafios propostos para a compreensão do aluno que entra no período de estágio.

Na sequência da obra, você encontrará ainda a descrição dos sujeitos integrantes, participantes e envolvidos nesse momento da formação. Por estarem entrelaçados em afazeres acadêmicos e do cotidiano profissional – considerando a parceria imprescindível do profissional assistente social de campo, a quem rendemos constantemente nossa deferência especial –, as autoras destacam a importância de estes sujeitos trabalharem juntos e em conjunto, olhando o aluno em toda a complexidade exigida em um processo de formação responsável, comprometido, preocupado como o novo profissional que entrará para um mundo de trabalho repleto de contradições, de relações pessoais e de poderes institucionais, de identidades profissionais e crivado de interesses, o qual o apresenta imensos desafios a serem vencidos.

O processo de aprendizado ganha especial atenção quando as autoras discutem sobre a indissociabilidade entre o ensino, a pesquisa e a extensão (sendo isso um dos diferenciais deste livro). Elas também mencionam a importância da interdisciplinaridade tecendo a rede "entre o uno e o múltiplo nas relações dos saberes" (Martinelli; Rodrigues; Muchail, 1998), dando consistência às relações construídas com os diversos e diferentes conhecimentos durante a vida acadêmica e que se farão presentes durante o exercício profissional.

Ao abordarem os desafios interpostos a vencer na formação profissional durante o processo do estágio supervisionado, as autoras apresentam questionamentos e reflexões que devem ser lidos e pensados sucessivas vezes por todos nós que estamos, em algum momento, no exercício da docência ou em outro espaço sócio-ocupacional como assistentes sociais. Elas chamam a atenção sobre a atitude pedagógica e a materialização do que é essencial ao assistente social: a compreensão da realidade social, a capacidade e a competência de proposição no trabalho profissional, a análise crítica das interfaces que permeiam as práticas sociais e o enfrentamento intransigente na defesa dos direitos constituídos e a se constituírem. Além disso, elas fazem uma crítica ao papel das instituições de ensino, independentemente de sua natureza ou das formas como conduzem o processo de educação. Elas ainda acendem a discussão sobre a primazia do respeito pelo aluno, pelo usuário dos serviços sociais e pelo corpo docente, que se empenha e se lança incansavelmente para manter a qualidade na formação profissional, hoje tão frágil em sua consistência. Elas também comentam sobre a resistência de profissionais de campo em assumir a supervisão e apontam os medos e as fragilidades destes. Além disso, revelam as oportunidades que muitas vezes deixam de mostrar para o aluno por meio do compartilhamento de suas valorosas experiências, significando espaços importantes e concretos de trabalhos sérios e comprometidos, realizados com muitas lutas e incertezas, mas com muita paixão pelo ofício.

Por fim, agradeço a oportunidade de prefaciar esta obra e, muito além disso, de conviver com as professoras Adriane e Sandra, que bravamente assumiram o compromisso de escrever sobre um tema que, apesar de sua existência nas matrizes curriculares, ainda desperta tantos embates cotidianos, tantas resistências para sua efetivação.

Ao leitor que iniciará agora a apreciação desta obra, deixo uma mensagem de Rubem Alves, escritor que será citado nas próximas páginas pelas autoras:

> "Cada aluno é único, [...] e a curiosidade não segue o caminho da burocracia [...]"

Cabe a nós, com base nas exigências acadêmicas e em nossas intenções como professores e orientadores educacionais, estarmos e sermos juntos com nossos alunos os edificadores de um novo e possível mundo real e humano.

Desejo uma excelente leitura a todos, expressando meu imenso respeito às professoras Adriane e Sandra.

Aurea Bastos Davet

Apresentação

O objetivo deste livro é propor ao leitor uma reflexão sobre a relevância da Supervisão de Estágio em Serviço Social como elemento constitutivo do processo de formação acadêmica e profissional do assistente social, o qual se faz presente durante a vida acadêmica dos alunos, docentes e supervisores e, *a posteriori*, na vida profissional daqueles que materializam a supervisão direta de estágio em seu cotidiano. Abordar seus principais conteúdos e propor uma reflexão sobre essa temática é um desafio tanto para as autoras quanto para o leitor, visto a dinâmica da configuração do estágio supervisionado no contexto contemporâneo, no qual são inúmeros os desafios da categoria sobre essa discussão, principalmente diante das mudanças significativas no universo educacional, como a consolidação do ensino a distância, o aumento significativo de cursos no sistema híbrido[1] e as novas configurações das relações do mercado de trabalho.

Durante a leitura desta obra, você será instigado a refletir sobre temáticas que são pilares da discussão sobre o estágio, como a formação da identidade profissional do aluno de Serviço Social e sua relação com as dimensões teórico-metodológica, ético-política e técnico-operativa da profissão; a indissociabilidade entre ensino, pesquisa e extensão; a interdisciplinaridade como elemento necessário para a atuação do assistente social; e o aparato legal para a implantação do estágio em Serviço Social.

O serviço social é uma profissão inserida na divisão sociotécnica do trabalho. Na atual conjuntura de transformações estruturais no mundo do trabalho, ela vem sofrendo enfrentamentos em seus espaços de intervenção devido ao desmonte das políticas públicas, que afetam diretamente os usuários dos serviços sociais. Sendo o estágio supervisionado em Serviço Social um processo que insere o estagiário no mundo do trabalho, ele reflete as angústias, as incertezas e os desafios impostos à profissão durante o exercício profissional.

Nesse sentido, produzimos uma obra que visa contribuir com todos os assistentes sociais e acadêmicos de Serviço Social, em especial com aqueles que estão engajados no processo de supervisão em serviço social.

Em cada capítulo, apresentamos os fundamentos teóricos dos temas, bem como questionamentos e reflexões sobre os assuntos apresentados, atualizados pelo arcabouço teórico da profissão, produzido na maioria por autores renomados do serviço social.

Iniciamos o primeiro capítulo abordando o exercício do trabalho profissional em suas dimensões teórico-metodológica, ético-política

---

1 O Ensino Híbrido envolve a utilização das tecnologias com foco na personalização das ações de ensino e de aprendizagem, integrando as tecnologias digitais ao currículo escolar e conectando os espaços presenciais e on-line. Busca-se assim, maior engajamento dos alunos no aprendizado, melhor aproveitamento do tempo do professor, ampliação do potencial da ação educativa, visando intervenções efetivas, e planejamento personalizado, com acompanhamento de cada aluno (Bacich; Tanzi Neto; Trevisani, 2015).

e técnico-operativa. Defendemos que, para apreender o exercício profissional, é preciso compreender que este se fará presente durante toda a vida profissional do assistente social – ele se inicia na academia e se fortalece durante o estágio em Serviço Social. Além disso, fazemos um resgate da historicidade do processo evolutivo da supervisão e abordamos, de forma específica, as dimensões da profissão e sua relação com o fazer profissional.

No segundo capítulo, destacamos a estreita relação entre o estágio supervisionado, o Código de Ética e o Projeto Ético-Político do Serviço Social (PEPSS), ressaltando que o estágio é um espaço de aprendizagem que se materializa nas relações sociais e se organiza e se orienta por documentos essenciais à compreensão do estágio, em consonância com os princípios que fundamentam a profissão. Além disso, descrevemos a relação do estágio com o Projeto Ético-Político profissional e com os projetos societários, compreendendo que o estágio está inserido nas relações antagônicas da luta de classes e no mundo do trabalho. Para finalizar, trazemos em tela a relação inseparável entre o Código de Ética, a prática do assistente social e o estágio, abordando alguns de seus princípios, como equidade, justiça social, qualidade e democratização dos serviços prestados aos usuários, entre outros evidenciados nos espaços sócio-ocupacionais dos assistentes sociais.

No terceiro capítulo, abordamos a indissociabilidade do tripé **ensino, pesquisa e extensão**, resgatando a função social da universidade, promovendo a reflexão crítica-teórico-prática da vida acadêmica e propondo ações que favoreçam as relações sociais. Especificamente para o curso de Serviço Social, sinalizamos a relevância da articulação do tripé supracitado, compreendendo que o ensino superior não ocorre de forma isolada e que o estágio supervisionado, por meio de seus diversos espaços de intervenção profissional, promove a articulação dos saberes de diversas áreas de conhecimento.

No quarto capítulo, discutimos sobre a interdisciplinaridade e sua relação com o estágio supervisionado em Serviço Social, perpassando o conceito de multidisciplinariedade com base na perspectiva de que o curso e o processo de formação profissional são pautados no caráter interdisciplinar, o qual amplia os horizontes da intervenção, pois tem uma ação multiprofissional, emancipatória e coletiva. Durante a realização do estágio em Serviço Social, o aluno se aproxima de equipes compostas por vários profissionais, cujos olhares diferentes sobre a mesma situação devem propor entendimento e convívio ético, considerando a pluralidade, a diversidade e a práxis transformadora.

Já no quinto capítulo, apresentamos a temática *supervisão de estágio* e seu impacto na formação do assistente social. Nele, discutimos a gênese do processo de supervisão, a legislação que regulamenta o estágio, a organização do curso de Serviço Social e o papel de cada ator envolvido no processo – leia-se: os supervisores acadêmicos, de campo, o coordenador de estágio e o estagiário. Também apresentamos o caráter curricular do estágio, o qual se organiza de forma pedagógica em conformidade com os núcleos de fundamentação da formação profissional, bem como as modalidades de estágio (não obrigatório e obrigatório). Finalizamos o capítulo com a fala sobre o debate a respeito do estágio supervisionado, da supervisão de estágio e do ensino em serviço social, elencando os embates teórico-práticos da categoria perante o cotidiano do exercício profissional e à necessidade de entender que o estágio supervisionado em Serviço Social é um processo indissociável do processo educativo e formativo da profissão.

No sexto e último capítulo, abordamos os desafios impostos à formação, ao estagiário e à supervisão de estágio, tema polêmico e que não se esgota ante a dinâmica dialética exigida na contemporaneidade. Nessa perspectiva, apresentamos a evolução teórico-metodológica da profissão, embasada por sua historicidade e afirmada como categoria que adotou a teoria social crítica marxista e posicionou-se a favor da classe trabalhadora.

Finalizamos esta obra propondo ao leitor uma reflexão sobre a precarização do ensino superior e o desmanche nas políticas públicas por parte do atual governo, de cunho neoliberal, que impactam na prática do assistente social e, por consequência, no estágio supervisionado em Serviço Social. Também sugerimos uma reflexão sobre os desafios na concretização do estágio sob a perspectiva de todos os envolvidos no processo de supervisão, incluindo as instituições de ensino, que devem potencializar o desenvolvimento de competências e habilidades do aluno para além da formação acadêmica, tendo como desafio a formação política e cidadã.

Esta obra se propõe a contribuir com um debate teórico sobre o estágio supervisionado em Serviço Social, defendendo a formação e o ensino como elementos indissociáveis. Acreditamos que pensar sobre os desafios impostos na contemporaneidade implica reflexões, mudanças de paradigmas e um olhar ampliado e propositivo perante as profundas alterações no cenário educacional e da profissão no Brasil. Sendo assim, esta obra não é um fim em si mesma. Como supervisoras de campo, acadêmicas, docentes e coordenadoras, já evidenciamos e vivenciamos durante nossa vida profissional vários avanços e questionamentos diante dos desafios do processo de supervisão em Serviço Social, mas nunca uma estagnação diante dos desafios impostos à categoria profissional.

Que sua leitura possa ser reflexiva e que sua reflexão possa contribuir para a consolidação do processo de supervisão em Serviço Social de forma interventiva, propositiva, crítica, ética e comprometida com a formação da identidade profissional e com o Projeto Ético-Político da profissão.

Boa leitura!

Como aproveitar ao máximo este livro

Este livro traz alguns recursos que visam enriquecer o seu aprendizado, facilitar a compreensão dos conteúdos e tornar a leitura mais dinâmica. São ferramentas projetadas de acordo com a natureza dos temas que vamos examinar. Veja a seguir como esses recursos se encontram distribuídos no decorrer desta obra.

Conteúdos do capítulo:

Logo na abertura do capítulo, você fica conhecendo os conteúdos que nele serão abordados.

Após o estudo deste capítulo, você será capaz de:

Você também é informado a respeito das competências que irá desenvolver e dos conhecimentos que irá adquirir com o estudo do capítulo.

o projeto hegemônico da profissão e habilidade para perceber o significado histórico da profissão no contexto das novas configurações no mundo do trabalho.

Síntese

Neste capítulo, apresentamos a importância do estágio supervisionado na formação do assistente social, definindo-o como espaço de aproximação teórico-prática, de análise e de problematização das expressões da questão social que se evidenciam no cotidiano do exercício profissional.

Contextualizamos o processo de supervisão no Brasil ao longo das tendências filosóficas e teóricas, vinculado inicialmente a um caráter terapêutico, com forte influência da psicanálise, que, após a aproximação com as teorias das ciências sociais, apresentou características da teoria funcionalista de ajustamento social e que, posteriormente, com o movimento de reconceituação e o congresso da virada, alterou significativamente a forma de atuação do exercício profissional, adotando hegemonicamente a teoria social crítica e o método marxista como base teórica.

Esse novo contexto ideológico e político da profissão, que se compromete com a classe trabalhadora, refletiu no processo de supervisão em serviço social, assumindo um caráter pedagógico de aprendizagem e uma postura crítica, propositiva, interventiva e analítica.

Falamos sobre os documentos que materializam o Projeto Ético-Político da profissão e abordam a questão do estágio em serviço social como atividade indispensável e integradora do currículo, sendo exigência obrigatória para a formação de bacharel em Serviço Social.

Finalizamos este capítulo apresentando a relação e as aproximações entre as dimensões teórico-metodológica, ético-política e técnico-operativa e o estágio em serviço social, compreendendo que elas somente se materializam nos espaços sócio-ocupacionais onde se configuram as diversas formas de enfrentamento da categoria profissional diante das expressões da questão social.

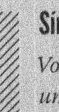

Síntese

Você dispõe, ao final do capítulo, de uma síntese que traz os principais conceitos nele abordados.

---

o que inclui compreensão e respeito aos mais variados conhecimentos, ciências e histórias das profissões.

Questões para revisão

1. Ao falarmos sobre multidisciplinaridade, estamos tratando de que tipo de modelo multiprofissional?
   a) Modelo de cooperação e interação entre as disciplinas.
   b) Modelo de superação das diferenças em prol da unidade de saberes.
   c) Modelo que prioriza sua área de conhecimento, sem articulação com as demais disciplinas.
   d) Modelo coletivo, transformador e interventivo de saberes e relações transdisciplinares.

2. Ao falarmos sobre *interdisciplinaridade*, estamos tratando de que tipo de modelo multiprofissional?
   a) Modelo colaborativo, de reciprocidade, que favorece a discussão entre diversas áreas de saberes.
   b) Modelo unilateral, individual e introspectivo, que favorece apenas um tipo de conhecimento.
   c) Modelo fragmentado, que se compromete exclusivamente com as respostas mediatas do fenômeno.
   d) Modelo unidisciplinar, que prioriza as teorias e não a relação prática e articulada entre os saberes.

3. Sobre o serviço social e sua relação com a interdisciplinaridade, assinale V nas afirmativas verdadeiras e F nas falsas.
   ( ) O serviço social é uma área interdisciplinar, dialogando com diversas teorias que formam o corpo de sua estrutura teórica, já que não conta com uma teoria própria.
   ( ) Muitas vezes, os assistentes sociais atuam nos espaços sócio-ocupacionais em equipes interdisciplinares.
   ( ) O serviço social é uma área multidisciplinar, já que para exercer suas atribuições precisa do sigilo profissional.
   ( ) O serviço social está inserido no mercado de trabalho, o qual exige resultados e metodologia de trabalho interdisciplinar.

Questões para revisão

Com estas atividades, você tem a possibilidade de rever os principais conceitos analisados. Ao final do livro, o autor disponibiliza as respostas às questões, a fim de que você possa verificar como está sua aprendizagem.

Questões para reflexão

Nesta seção, a proposta é levá-lo a refletir criticamente sobre alguns assuntos e trocar ideias e experiências com seus pares.

Estudo de caso

Esta seção traz ao seu conhecimento situações que vão aproximar os conteúdos estudados de sua prática profissional.

Questões para reflexão

1. Qual a importância da Lei n. 11.788/2008 para os alunos dos cursos de graduação?
2. Qual o papel da supervisão de estágio para que o aluno consiga realizar as aproximações teórico-práticas?
3. Como, durante o estágio, o aluno consegue identificar a ação profissional em conformidade com o Projeto Ético-Político?

Estudo de caso

Com base na legislação de estágio e nas atribuições dos atores envolvidos na supervisão de estágio, analise o caso a seguir, refletindo a respeito das competências dos atores envolvidos no estágio, dos objetivos do estágio e da legislação que o ampara e do Código de Ética do Assistente Social, que orienta o exercício profissional do assistente social.

Local: Centro de Referência de Assistência Social (Cras).

Pessoas Envolvidas: estagiário, supervisor de estágio, coordenador do equipamento e usuários.

Descrição: A estagiária realiza estágio supervisionado no equipamento há 1 ano e apresenta bom relacionamento com a equipe e os usuários dos serviços. Sempre participa das atividades contribuindo com a equipe, mostrando-se interessada e solícita. Diante do elevado número de usuários que acessam o equipamento, a coordenação do CRAS solicitou aos estagiários que auxiliem nas atividades, distribuindo igualmente tarefas de teor técnico para todos, profissionais e estagiários, que realizarão individualmente o acolhimento e atendimento aos usuários conforme demandas do dia. Ao final do dia, a estagiária foi chamada por sua supervisora

Para saber mais

Você pode consultar as obras indicadas nesta seção para aprofundar sua aprendizagem.

Para saber mais

LEWGOY, A. M. B. **Supervisão de estágio em serviço social**: desafios para a formação e o exercício profissional. 2. ed. São Paulo: Cortez, 2010.

Nessa obra, a autora realiza um estudo e o aprofundamento teórico sobre a supervisão de estágio no contexto da política educacional e do atual mundo de trabalho, abordando as contradições, os desafios e os enfrentamentos da categoria profissional perante a formação profissional.

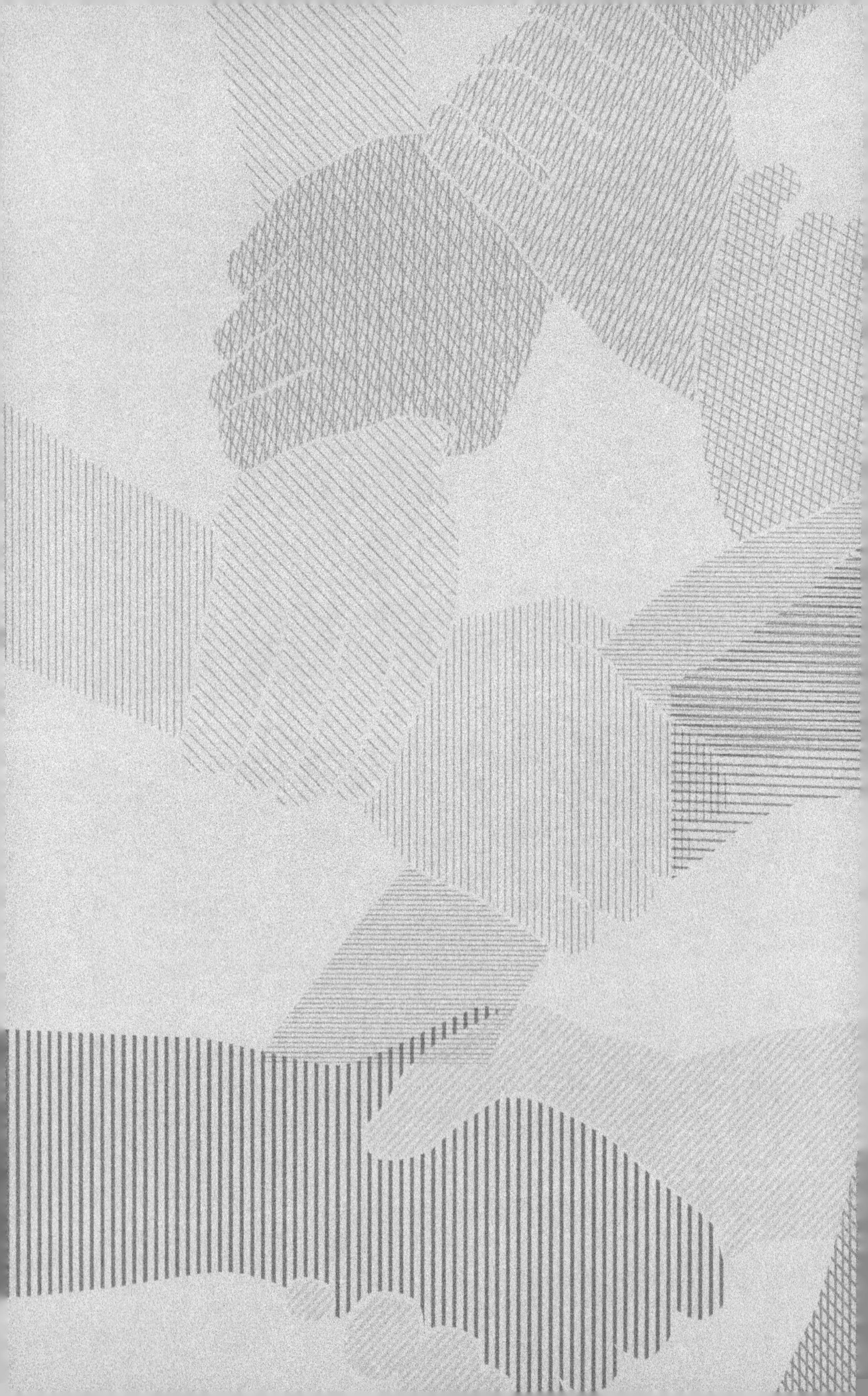

CAPÍTULO 1

Exercício do trabalho profissional em suas dimensões teórico-metodológica, ético-política e técnico-operativa

Conteúdos do capítulo:

- O exercício profissional do assistente social.
- Dimensão teórico-metodológica do Serviço Social.
- Dimensão ético-política do Serviço Social.
- Dimensão técnico-operativa do Serviço Social.

Após o estudo deste capítulo, você será capaz de:

1. compreender como o estágio em Serviço Social se insere no processo de formação do exercício profissional do assistente social;
2. estabelecer as relações entre a dimensão teórico-metodológica e a prática interventiva, propositiva e investigativa da profissão em seus espaços sócio-ocupacionais, em conformidade com as prerrogativas das Diretrizes Curriculares e com o Projeto Ético-Político da profissão;
3. identificar como se materializa a dimensão ético-política no dia a dia do exercício profissional;
4. reconhecer a dimensão técnico-operativa não como fim em si mesma, e sim como um meio no processo de materialização da prática nos campos de intervenção profissional.

Iremos apresentar, neste capítulo, as dimensões teórico-metodológica, ético-política e técnico-operativa da profissão e a relação destas com o estágio supervisionado em Serviço Social, entendendo este como um momento de contradições e mediações em que se evidenciam as expressões da questão social e da intervenção profissional e se procura decifrar a realidade social para propor intervenções que deem respostas às demandas do cotidiano dos usuários, numa perspectiva de totalidade, reforçando que essas dimensões devem caminhar lado a lado.

1.1 Trajetória histórica do apreender do exercício profissional do assistente social

O aprendizado do exercício profissional pelo assistente social ocorre ao longo de toda a sua formação acadêmica, e é durante a prática de estágio que acontece a aproximação do aluno com a realidade impressa no cotidiano profissional. Nesse ponto, cabe-nos ressaltar a importância da relação entre estágio e formação profissional na busca da habilitação para a prática interventiva do assistente social.

Durante o período de formação acadêmica – que inclui a prática do estágio supervisionado e, posteriormente, o início da atuação como assistente social nos espaços sócio-ocupacionais –, o indivíduo é desafiado continuamente ao constante aprendizado profissional, ao conhecimento das teorias e metodologias e à aproximação com a prática interventiva, propositiva e investigativa da profissão, que se constitui em processo dialético e de muitas transformações, o que exige dele atenção e criatividade, além de atuar em consonância com o Projeto Ético-Político da profissão.

O aprendizado do exercício profissional é revelado no cotidiano do estudante na forma como ele capta as complexas e contraditórias expressões da realidade social e as materializa para dar respostas a seus usuários. De acordo com Lewgoy (2010, p. 20), "neste contexto a supervisão de estágio em Serviço Social é instância que favorece o trânsito do singular ao universal, particularizando a intervenção do Serviço Social no âmbito das relações sociais".

Em toda a sua história, o Serviço Social sempre considerou a importância do estágio supervisionado para a formação de profissionais comprometidos com a qualidade e os preceitos éticos do curso, bem como com a vinculação às Diretrizes Curriculares do Curso de Serviço Social propostas pela Associação Brasileira de Ensino e Pesquisa em Serviço Social (ABEPPS) em 1996.

O processo de supervisão em serviço social passou por vários momentos, todos eles estreitamente ligados com as bases teóricas às quais estava vinculado. Inicialmente, de acordo com a proposta de Lewgoy (2010, p. 67), ele era um modo de treinamento pessoal em conformidade com os princípios neotomistas, em que "a aprendizagem ocorria na ação do trabalho de campo, sendo significativa a concepção de 'aprender fazendo'.

Com a forte influência da psicanálise, a partir do século XX a supervisão em serviço social assumiu uma conotação terapêutica entre o supervisor e o supervisionado e, posteriormente, adotou uma postura de ensinar o fazer. Nas palavras de Lewgoy, "a supervisão então era apresentada como treinamento prático e método de ensino que envolvia supervisor e supervisionado no processo de aprendizagem" (2010, p. 69).

Após estreita aproximação da supervisão de estágio com as teorias das ciências sociais, principalmente a funcionalista, aquela ganhou um caráter tecnicista-pedagógico de "ensinar como fazer" para atuar no ajustamento social, culpando o indivíduo pelo desajustamento com a sociedade.

Nesse período, alguns autores criticaram a priorização da categoria profissional nas discussões sobre o aporte teórico-metodológico e sobre o distanciamento da intervenção prática do serviço social. Na tentativa de romper com o conservadorismo, os assistentes sociais propuseram no seminário de Araxá, em 1967, uma discussão no sentido de se aproximar das teorias das ciências sociais para dar cientificidade à profissão, que assumiu, então, nova configuração no mundo do trabalho, ante a institucionalização exigida pelo Estado e pela burguesia. Dessa forma, a teorização do serviço social propôs um olhar para a formação do assistente social.

No seminário de Teresópolis, que ocorreu em 1970, a discussão se voltou para a questão metodológica, bem como para a investigação e a intervenção do serviço social. Já no Seminário de Sumaré, em 1978, o arcabouço do debate foi a cientificidade da profissão via teorias fenomenológica e dialética, o que culminou no Congresso da Virada, em 1979, com o posicionamento da categoria para a democracia e seu comprometimento com a classe trabalhadora, com os movimentos sociais e a luta por direitos sociais e por uma nova ordem societária, embasada na teoria social crítica e no método marxista.

José Paulo Netto (2015, p. 141) aponta: "Este período marca um momento importante no desenvolvimento do Serviço Social no Brasil, vincado especialmente pelo enfrentamento e pela denúncia do conservadorismo profissional".

Após o movimento de renovação na profissão, ocorrido na década de 1970, lançou-se um novo olhar para o processo de supervisão, embasado na perspectiva da ruptura com o serviço social tradicional e na leitura da teoria social crítica com base marxista e em Paulo Freire. Segundo Sheriff et al. (1973, citado por Lewgoy, 2010, p. 78), "a supervisão passou a ser concebida como um processo educativo e administrativo de aprendizagem mútua entre supervisor e supervisionado, no qual ambos são sujeitos do processo".

Na década de 1980 a supervisão se pautava nas obras de Balbina Ottoni Vieira, cujo olhar estava voltado para a supervisão como método de ensino do serviço social, reforçando a importância de o estágio prático estar relacionado aos ensinamentos teóricos repassados nas instituições de ensino.

Lewgoy (2010) criticou o processo de supervisão desse período, o qual limitou a discussão ao uso de instrumentos. Ou seja, dava-se ênfase à supervisão de trabalho prático, distanciando-se das discussões teóricas.

Nas décadas de 1980 e 1990, a supervisão passou por um processo de reconfiguração, principalmente após as discussões promovidas pelo Congresso da Virada em 1979, no qual o serviço social passou a se posicionar ao lado da classe trabalhadora e adotou a teoria social crítica e uma atuação profissional com vistas à transformação social.

> A formação profissional é um processo de construção e reconstrução constantes que exige do assistente social posicionamento, mudança de atitude, revisão de posturas, rompimento de paradigmas, abertura às novas configurações e comprometimento com o caráter emancipatório da realidade social.

Com a alteração dos espaços de atuação do assistente social ante a nova ordem de restruturação produtiva de acumulação flexível, os embates entre as classes se tornaram latentes e as alterações nas configurações de trabalho passaram a ser estruturais, o que exigiu um novo perfil do trabalhador.

> Esse trabalhador precisa ter capacidade de adaptação, ser dotado de espírito competitivo, dominar várias habilidades, além de ter instrução exigida para a execução de tarefas. [...] ideologicamente, há o investimento na configuração de uma nova cultura interpretativa do trabalho, reconhecendo-o não como um componente das relações antagônicas de classe, mas como uma ação de sujeitos atomizados que competem entre si e associam-se ao movimento da empresa como colaboradores, e não como seus provedores de riqueza. (Pinto, 2016, p. 58)

É nesse novo cenário que se insere o assistente social, numa relação de contradições em que precisa reconstruir seu fazer profissional, trabalhar as questões de classes, compreender-se como parte da classe trabalhadora e ler a realidade social com intencionalidade e propósito, entendendo que o objetivo de seu trabalho é garantir os direitos dos usuários.

Sob esse novo olhar para a formação profissional do assistente social, comprometido com a classe trabalhadora e que se apropria da teoria social crítica, materializam-se as novas Diretrizes Curriculares da Associação Brasileira de Pesquisa em Serviço Social (ABEPSS, 1996), com o currículo organizado em três núcleos de fundamentos: Núcleo de fundamentos teóricos metodológicos da vida social; Núcleo de fundamentos da formação sócio-histórica da sociedade brasileira e Núcleo de fundamentos do trabalho profissional, no qual o estágio supervisionado em Serviço Social é organizado e estruturado em conformidade com o projeto pedagógico do curso e deve ocorrer durante o período das disciplinas, dando ênfase às dimensões teórico-metodológico, ético-político e técnico-operativo, respeitando a pluralidade teórica.

A formação profissional é um processo de construção e reconstrução constantes que exige do assistente social posicionamento, mudança de atitude, revisão de posturas, rompimento de paradigmas, abertura às novas configurações e comprometimento com o caráter emancipatório da realidade social.

O processo de supervisão de estágio se configura no exercício da profissão sob o enfoque dos sujeitos nele envolvidos – supervisor acadêmico, supervisor de campo e estagiário de Serviço Social – e deve articular a formação e o exercício profissional numa dinâmica de interpelação teórico-prática.

Segundo Buriolla (1994, citado por Lewgoy, 2010, p. 88), "o exercício da supervisão requer conhecimentos especializados e experiência prática com fundamentos teórico-metodológicos, o que implica preparo profissional e reflexão sobre a prática, desenvolvendo, assim habilidades técnicas, habilidades conceituais e habilidades sociais".

Com base nesse novo debate sobre a formação do assistente social, a ABEPSS (2010, p. 19), por meio da Política Nacional de Estágio (PNE), assim estabeleceu:

> A supervisão de estágio na formação em Serviço Social envolve duas dimensões distintas, mas não excludentes de acompanhamento e orientação profissional: uma supervisão acadêmica que caracteriza

a prática docente e, portanto, sob responsabilidade do(a) professor(a)-supervisor(a) no contexto do curso e a supervisão de campo, que compreende o acompanhamento direto das atividades prático-institucionais da(o) estudante pelo(a) assistente social, nos campos de estágio. Estas dimensões devem estar diretamente articuladas em todo processo de supervisão.

O estágio é considerado, nas Diretrizes Gerais para o Curso de Serviço Social (ABEPSS, 1996), como um processo de ensino aprendizagem. O termo *processo* nos remete, segundo Ferreira (2014), à noção de **andamento**, em que ocorre uma sequência cujos procedimentos apresentam certa unidade ou se desenvolvem de modo regular. Isso nos permite afirmar que o estágio constitui um momento de aprendizagem marcado por um movimento reflexivo e construtivo de conhecimento, em diálogo constante com os saberes que fundamentam a profissão, e não um momento estanque, desvinculado das disciplinas que compõem o curso de Serviço Social.

Ao apontar os princípios norteadores para a formação profissional, as Diretrizes Gerais e a Resolução nº 15, de 13 de março de 2002, do Ministério da Educação (MEC), trazem elementos que orientam a formulação do projeto pedagógico do curso de Serviço Social nas instituições de ensino superior, devendo este explicitar o estágio supervisionado como "elemento síntese da relação teoria prática" (CFESS, 2008) que ocorre nos diferentes espaços sócio-ocupacionais do assistente social.

Estamos falando, portanto, de uma formação que se dá ao longo do curso de Serviço Social, sendo o estágio e a supervisão de estágio entendidos como indissociáveis.

As diretrizes para o curso de Serviço Social da ABEPSS de 1996 apontam 11 princípios que fundamentam a formação profissional, a saber:

1. Flexibilidade de organização dos currículos plenos, expressa na possibilidade de definição de disciplinas e ou outros componentes curriculares – tais como oficinas, seminários temáticos, atividades complementares - como forma de favorecer a dinamicidade do currículo;

2. Rigoroso trato teórico, histórico e metodológico da realidade social e do Serviço Social, que possibilite a compreensão dos problemas e desafios com os quais o profissional se defronta no universo da produção; e reprodução da vida social.

3. Adoção de uma teoria social crítica que possibilite a apreensão da totalidade social em suas dimensões de universalidade, particularidade e singularidade;

4. Superação da fragmentação de conteúdos na organização curricular, evitando-se a dispersão e a pulverização de disciplinas e outros componentes curriculares;

5. Estabelecimento das dimensões investigativa e interventiva como princípios formativos e condição central da formação profissional, e da relação teoria e realidade;

6. Padrões de desempenho e qualidade idênticos para cursos diurnos e noturnos, com máximo de quatro horas/aulas diárias de atividades nestes últimos;

7. Caráter interdisciplinar nas várias dimensões do projeto de formação profissional;

8. Indissociabilidade nas dimensões de ensino, pesquisa e extensão;

9. Exercício do pluralismo como elemento próprio da natureza da vida acadêmica e profissional, impondo-se o necessário debate sobre as várias tendências teóricas, em luta pela direção social da formação profissional, que compõem a produção das ciências humanas e sociais;

10. Ética como princípio formativo perpassando a formação curricular;

11. Indissociabilidade entre estágio e supervisão acadêmica e profissional. (ABEPSS, 1996, 6-7)

Os princípios que orientam as diretrizes curriculares para a formação profissional requerem dos alunos a capacitação teórico-metodológica, ético-política e técnico-operativa, buscando, segundo as Diretrizes Gerais, apreender de forma crítica e em sua totalidade o processo histórico, investigando a formação histórica e os processos sociais contemporâneos e aprendendo o significado social da profissão, bem como as demandas postas ao serviço social na realização do exercício profissional condizente com a legislação em vigor.

O estágio supervisionado é considerado uma atividade indispensável e integradora do currículo que deve ocorrer ao longo da estrutura curricular. Além disso, ele é obrigatório, supervisionado com foco na reflexão, no acompanhamento e na sistematização, e regulamentado pela Lei 8.662, de 7 de junho de 1993 (Brasil, 1993), e pelo *Código de Ética do/a Assistente Social* (DFESS, 1993).

O exercício profissional do assistente social tem por base as diversas dimensões do trabalho profissional, que se complementam e, por isso mesmo, não podem ser dissociadas. A dimensão ético-política fundamenta a teórico-metodológica e a técnico-operativa; a teórico-metodológica, por sua vez, subsidia as demais dimensões; e a técnico-operativa se apropria da teoria, do método, da ética e do posicionamento político da profissão para se efetivar, daí seu caráter indissociável.

A respeito da indissociabilidade das dimensões, Iamamoto (2013, p. 6) nos conduz à reflexão de que o aprisionamento da dimensão em si mesma leva a limitações e dificuldades como "o teorismo, o militantismo e o tecnicismo", em nada auxiliando no fortalecimento e avanço da prática do assistente social.

Discutir o processo de formação e a unidade teórico-prática entre ensino e aprendizagem implica a utilização da categoria *mediação*, que, segundo Pontes (2007), "possui tanto a dimensão ontológica como a reflexiva". É ontológica porque "é uma categoria objetiva que tem que estar presente em qualquer realidade, independente do sujeito [...]", e "é reflexiva porque ultrapassa o plano da imediaticidade, em busca da essência" (Lukács, 1979, apud Pontes, 2007, p. 79).

1.2 Dimensão teórico-metodológica do serviço social

Em sua dimensão teórico-metodológica, o serviço social compreende o ser social de forma histórica, o que significa, para Barroco

(2009, p. 182), compreender o trabalho como "base ontológica primária da vida social"[1], mediando homem e natureza. Baseado na teoria crítica dialética marxista, Barroco (2009) informa que o papel transformador da ética visa à emancipação do homem no sentido de sua transformação.

A dimensão teórico-metodológica do serviço social diz respeito, segundo Guerra (2012), à capacidade de entender o método e as teorias que embasam a ação profissional do assistente social.

Ao falarmos do conhecimento teórico que embasa a profissão, não podemos deixar de vislumbrar a profissão segundo Yazbek (2009a), ou seja, como realidade vivida pelo assistente social que expressa em sua prática um discurso teórico e metodológico e como atividade determinada por uma realidade social que direciona seu exercício profissional, independentemente da vontade e da consciência deste. Essa questão, que diz respeito às concepções teóricas e sua efetivação, podem levar a contradições entre a intenção, o trabalho e os resultados alcançados. Torna-se, portanto, premente o aprofundamento teórico-metodológico do referencial que norteia a profissão, buscando embasar a prática do assistente social de modo a atribuir "significado, finalidade e direção social a sua intervenção". (Yazbek, 2009a, p. 111)

As Diretrizes Curriculares para o Curso de Serviço Social, por meio do Parecer n. 492, de 4 de julho de 2001 (Brasil, 2001), estruturam a formação de conhecimentos e habilidades do assistente social por meio dos seguintes núcleos:

- núcleo de fundamentos teórico-metodológicos da vida social, que compreende um conjunto de fundamentos teórico-metodológicos e ético-políticos para conhecer o ser social;
- núcleo de fundamentos da formação sócio-histórica da sociedade brasileira, que remete à compreensão das características históricas particulares que presidem a sua formação e desenvolvimento urbano e rural, em suas diversidades regionais e locais;
- núcleo de fundamentos do trabalho profissional, que compreende os elementos constitutivos do Serviço Social como uma especialização do trabalho: sua trajetória histórica, teórica,

---

[1] O termo *ontológico* diz respeito ao ser social historicamente construído, real, concreto, que está em constante transformação.

metodológica e técnica, os componentes éticos que envolvem o exercício profissional, a pesquisa, o planejamento e a administração em Serviço Social e o estágio supervisionado.

Esses núcleos orientam a formação do assistente social, fornecendo a ele fundamentos e conhecimentos que propiciam, segundo Iamamoto (2013), o entendimento histórico da sociedade de classes, das relações do Estado com a sociedade, das políticas sociais e dos movimentos da sociedade civil, considerando a profissionalização do serviço social como especialização do trabalho que apresenta como objeto as múltiplas expressões da questão social.

Para que o assistente social possa compreender e refletir a realidade social e os fundamentos que norteiam sua profissão, é necessário que sua formação seja pautada no conhecimento teórico-crítico da realidade social em que ele atua. Portanto, conhecer historicamente os fenômenos e apropriar-se das ciências que os explicam são fatores preponderantes para a formação profissional do estudante, de modo a nortear e embasar a atuação profissional do assistente social nos diferentes espaços sócio-ocupacionais. Para isso, é imprescindível uma formação teórica consistente, condizente com o Projeto Ético-Político da profissão.

A respeito da produção dos fundamentos históricos e teórico-metodológicos que embasam a profissão de assistente social no Brasil, Yazbek (2009a) enfatiza que o serviço social e todo o conhecimento que o compõe e norteia diz respeito e deriva do movimento histórico da sociedade, que se forma pelas relações sociais e por ações entre indivíduos no processo de reprodução dessa sociedade. Isso quer dizer que esta se forma e se compõe por relações, que, por sua vez, envolvem questões, segundo Yazbek (2009a), relacionadas às diferentes esferas da vida humana nos âmbitos social, político, econômico, cultural, religioso, de gênero, de idade, de etnia, entre outros.

As análises e interpretações acerca da realidade e das relações sociais expostas às transformações sociais não são, entretanto, consensuais e homogêneas, impactando nas análises da atuação do serviço social brasileiro, que sofreu influência da Igreja católica, fundamentando sua concepção e sua linha teórica no embasamento de sua prática profissional; e do serviço social americano nos anos 1940, com a "tecnificação" da atuação do assistente social, embasado no referencial teórico-positivista, com vistas ao ajuste e à conservação da ordem vigente e no referencial crítico dialético de Karl Marx.

A partir da década de 1960, caracterizada, segundo Yazbek (2009a), pela expansão do capitalismo em todo o mundo e pelo aumento da exploração e da exclusão, o serviço social realizou uma revisão teórica, metodológica, operativa e política, demandando a construção de um novo projeto com base na teoria social crítica de Marx, que não pode ser expandido no Brasil devido ao momento político, marcado pela ditadura militar. Houve então, até o final da década de 1970, diferentes vertentes de análise segundo Yazbek (2009a): vertente modernizadora, de abordagem funcionalista e estruturalista; vertente inspirada na fenomenologia, que apropria-se da visão de pessoa e comunidade, e na transformação social dos sujeitos, e não da sociedade; vertente marxista, que discute a sociedade de classes, busca compreender dialeticamente a realidade, considerando a contradição, o interesse e a mediação, rompe com o conceito de imediaticidade, aprofundando historicamente o entendimento do ser social com o mundo que o cerca.

O marco de interlocução com a teoria marxista ocorreu, conforme Yazbek (2009a, p. 160), a partir dos anos 1980, pautado na apreensão do "ser social com base em mediações". Entender a concepção de realizar a mediação a fim de decodificar as relações do ser social significa compreender que, para entender essas relações, é necessário aprofundar o conhecimento sobre estas, visto que todas as nuances e os interesses que compõem as relações do homem em sociedade não podem ser percebidas de forma imediata, diante apenas do fenômeno apresentado. Isso implica na necessidade de considerar fatores históricos, políticos, culturais e econômicos, em uma visão dialética da realidade.

Nessa perspectiva, o aprendizado do exercício profissional em campo de estágio realiza-se, para o Conselho Federal de Serviço Social (CFESS), por meio das mediações, oportunizadas pelo campo prático entre conhecimento apreendido na formação e realidade social, possibilitando a reflexão e o entendimento sobre as dimensões teórico-metodológica, ético-política e técnica-operativa do serviço social. Não podemos nos esquecer de que essas dimensões norteiam toda a prática profissional, que deve estar condizente com os preceitos da profissão.

Diante dos inúmeros desafios que envolvem a prática profissional do assistente social na contemporaneidade e das perdas de direitos concretizadas pelo modelo neoliberal de governo, Iamamoto (2013) nos alerta sobre os desafios da profissão diante da crise que envolve o trabalho, a defesa do trabalhador e a organização da classe trabalhadora, agravando-se as múltiplas expressões das questões sociais.

A respeito da desmistificação e do entendimento da profissão perante a questão social, faz-se necessário, conforme Yazbek (2009a), compreender o conceito de reprodução social, que diz respeito à produção e à reprodução das relações sociais na sociedade capitalista em seus diferentes âmbitos. Vamos, então, pensar que, além de compreender os interesses e as relações econômicas que regem a sociedade capitalista, é necessário assimilar como se reproduzem as relações sociais, entendendo a reprodução do capital e a reprodução e manutenção das relações sociais que envolvem valores, política e práticas culturais.

Diante dos desafios de mercado e do momento histórico de grandes perdas de direitos sociais, cabe ao assistente social, segundo Iamamoto (2013, p. 16), entender a realidade social e construir "propostas de trabalho criativas e capazes de preservar e efetivar direitos". Essa desafiante característica demanda a formação de profissionais que não apenas executem as políticas públicas, mas que tenham habilidade para formular e gerir essas políticas.

Devemos, então, refletir a respeito dos fenômenos sociais a fim de embasar propostas de atuação profissional condizentes com a realidade em constante transformação, o que requer, para Iamamoto (2013, p. 285), "um atento acompanhamento da dinâmica societária, balizado por recursos teórico-metodológicos que possibilitem decifrar os processos sociais em seus múltiplos determinantes e expressões, ou seja, em sua totalidade".

É nesse universo de desafios, contradições, mediações e relações sociais, que se alteram entre a subalternidade e a emancipação, que se insere os alunos em processo de formação acadêmica, instigados pelo arcabouço teórico-metodológico discutido em sala de aula e com os sentidos direcionados para os espaços de atuação profissional, em que a materialização das teorias e dos conteúdos ministrados nas disciplinas e das reflexões e discussões a respeito das dimensões teórico-metodológicas devem se concretizar por meio da articulação entre a práxis profissional e os diversos complexos sociais presentes nas relações sociais.

> Diante dos desafios de mercado e do momento histórico de grandes perdas de direitos sociais, cabe ao assistente social, segundo Iamamoto (2013, p. 16), entender a realidade social e construir "propostas de trabalho criativas e capazes de preservar e efetivar direitos".

A atuação profissional nas instituições concedentes de campo de estágio deve estar em consonância com a proposta hegemônica do PEPSS, que se traduz por sua dimensão jurídica, embasada na Constituição Federal de 1988 e em seus documentos-chave:

> O que dá materialidade ao projeto é o Código de Ética Profissional/1993, a Lei de Regulamentação da Profissão – Lei n. 8.662/93 – e as Diretrizes Curriculares para a Formação Profissional em Serviço Social – ABEPSS/1996. [...] a dimensão da produção de conhecimentos no interior do serviço social, pautada na esfera da sistematização, da investigação, dos processos reflexivos do fazer profissional e a dimensão político organizativa da profissão. Sobre a dimensão político-organizativa da profissão nos referimos ao Conselho Federal de Serviço Social – CFESS [...]. (Avilla, 2017, p. 7)

Para que o assistente social atue em conformidade com o projeto profissional, Avilla (2017, p. 3) exemplifica que sua ação precisa estar vinculada "ao projeto de transformação da sociedade, os projetos societários estão sempre presentes nos projetos coletivos. É ele [que] deve transparecer em todas as atuações do assistente social, neste caso direcionado para a transformação da sociedade e em favor da classe trabalhadora".

Estar alicerçado na dimensão teórico-metodológica significa estar articulado com a dinâmica da sociedade, na apreensão da realidade social em seus espaços de intervenção. Embasar-se teoricamente vai além de compreender a pluralidade teórica presente na profissão e assumir uma posição ideológica e prática; é compreender e apreender os elementos teóricos que fazem parte da realidade no qual está inserido o assistente social, como as legislações específicas sobre o Estatuto da Cidade, a Política Nacional da População em Situação de Rua, a Lei Maria da Penha, o Estatuto do Idoso, entre outros elementos essenciais que fazem parte do dia a dia do assistente social.

A dimensão teórico-metodológica que compõe o fazer profissional não pode ser entendida pelo assistente social e pelos alunos como um dado pronto, uma vez que

> o método é o meio de ligação entre a teoria e o objeto, relação necessária entre o sujeito que investiga e o objeto investigado. Contudo só tem sentido como parte de um corpo teórico, não como conjunto de regras preestabelecidas para conhecer alguma coisa, porque a verdade dos fenômenos não está dada. (Lewgoy, 2010, p. 161)

A supervisão de estágio em Serviço Social também conta com um aparato teórico que faz parte do processo de intervenção profissional do qual o supervisor deve se apropriar para desenvolver suas atribuições, como as Diretrizes Curriculares da ABEPSS de 1996, a Resolução do CFESS n. 533, de 29 de setembro de 2008 do CFESS, o regulamento de estágio das faculdades, o plano pedagógico do curso e demais documentos que normatizam a supervisão direta de estágio em Serviço Social. Cabe lembrar que a prática de estágio oportuniza reflexão, conhecimento e produção de conhecimento por meio da pesquisa de dados concernentes ao campo de atuação. Elevar a atuação do assistente social de executor de políticas para propositor das políticas baseadas em dados da realidade social constitui-se em desafio a ser alcançado.

A aquisição de conhecimento renovado para compreender a totalidade dos processos sociais instiga o aluno a realizar pesquisas. A fim de compreender a realidade e as múltiplas expressões da questão social, Iamamoto (2013, p. 285) aconselha a pesquisa de situações concretas, sendo necessária a realização de atividades investigativas no cotidiano profissional que possam "alimentar a realização de propostas de trabalho fincadas na realidade". A respeito disso, não devemos nos esquecer de que o estágio propicia a investigação do cotidiano de trabalho do assistente social e a proposição de ações nela baseada, constituindo-se em importante oportunidade de fortalecimento da prática profissional e da materialização das competências e habilidades previstas nas Diretrizes Curriculares de 2002 (Brasil, 2002).

1.3 Dimensão ético-política do serviço social

Neste item, abordamos a ética e a política no contexto do estágio supervisionado e do exercício profissional do assistente social, este inserido nos espaços sócio-ocupacionais, buscando apresentar essa dimensão do serviço social em todo os aspectos de afirmação e contradição.

A ética relaciona-se e diz respeito à forma como o homem interage em sociedade, construindo mediações como ser social e, segundo Barroco (2011, p. 19), "sem deixar de se relacionar com a natureza, pois precisa dela para se manter vivo, moldando sua natureza social".

Compreender o ser social de forma histórica significa, para Barroco (2009, p. 182), entender o trabalho como "base ontológica da vida social", mediando homem e natureza. Com base na teoria crítica dialética-marxista, Barroco (2009) afirma o papel transformador da ética com vistas à emancipação do homem, no sentido de sua transformação. Esta acontece desde as primeiras atividades primitivas do ser humano, quando sua relação com a natureza era de transformá-la para atender suas necessidades e às da sua comunidade. Esse processo dialético transformava também o homem, visto que aquela natureza e aquele objeto que foi construído, fruto de uma idealização e uma objetivação nunca mais serão os mesmos, pois sempre estarão impregnados de uma intencionalidade que é emancipatória e irá gerar novos objetos e novas significações. Compreender esse processo de base ontológica da vida social nos permite contextualizar as relações sociais.

A ética consiste, então, em um modo de ser social que depende da racionalidade do indivíduo para realizar escolhas; estas, por sua vez, dependem de sua liberdade e autonomia, mesmo que relativa, para escolher e, segundo Barroco e Terra (2012), responsabilizar-se pelas escolhas feitas, considerando suas consequências e seus impactos para os outros e para si.

Discorrer a respeito da dimensão ético-política do serviço social requer considerar sua indissociabilidade com o compromisso do Projeto Ético-Político profissional, em conformidade com os projetos societários defendidos pela profissão. Mas, afinal, que projetos são esses e de que forma se compreende a dimensão política, ideológica e as principais reinvindicações emergentes no debate contemporâneo?

Para isso, precisamos considerar a afirmação de Barroco e Terra (2012) a fim de refletir sobre o significado da ética, da política e da dimensão ético-política no serviço social. Devemos pensar a discussão ética como inerente ao homem em sociedade, com relação a seu modo de ser, à forma como se relaciona e aos valores determinados socialmente. Pensemos, então, que a ética se relaciona ao homem em sociedade e que o homem é produto de si mesmo, de suas relações sociais e, portanto, de sua história.

A dimensão ético-política nos espaços de atuação do assistente social não está desvinculada das demais dimensões, que se relacionam de forma horizontal no processo de intervenção da realidade social. Nesse sentido, não se pode, segundo Iamamoto (2013), desvincular a questão política da ética do Serviço Social.

E o que significa a política na profissão? Quer dizer que, em seu Código de Ética o serviço social tem firmado um compromisso profissional com a **liberdade** e a **democracia**, e isso requer a articulação de preceitos éticos e valores partilhados pela categoria.

O objetivo é alcançar o Projeto Ético-Político da profissão na luta pela defesa dos direitos e no enfrentamento das expressões da questão social, que na atualidade atingem alarmantes índices, como consequência da exploração do trabalho e da perda de direitos e de diminuição da responsabilidade do Estado no governo neoliberal.

É relevante fazermos aqui uma reflexão sobre a visão conservadora da formação profissional nas décadas de 1950, 1960 e 1970, quando os profissionais se institucionalizaram e precisavam dar respostas ao sistema, ajustar os indivíduos ao meio social, o que Netto (2015) chama de "a reatualização do conservadorismo". Mesmo com essas posturas, o autor acrescenta:

> Nada disso eludia a existência de núcleos no Serviço Social interessados – pelas mais diversas razões: ideológicas, políticas, teóricas, profissionais – num empreendimento restaurador, quer a exigência de possibilidades objetivas para oferecer suporte a suas iniciativas. De uma parte, tais núcleos operavam efetivamente, configurando bolsões de resistência às modificações encarnadas no processo renovador pela perspectiva modernizadora, especialmente aquelas que submetiam o *ethos* tradicional da profissão a lógica institucional posta pelo ordenamento societário conformado pela ditadura. (Netto, 2015, p. 260)

Nos diversos espaços de intervenção profissional o assistente social é confrontado com posicionamentos conservadores e positivistas, e muitas vezes é questionando e persuadido a atender aos interesses da ordem do capital, numa perspectiva estrutural funcionalista. Se assim ele o fizer, irá se distanciar de seu compromisso ético-político assumido desde o movimento de reconceituação, na década de 1970, o que pressupõe um repensar sobre seu posicionamento diante da realidade social e, consequentemente, implica a dimensão política da profissão.

Esse novo ordenamento que se configura desde a década de 1970, perpassando o movimento de democratização do país em 1980, altera e exige do profissional de serviço social um novo perfil, que esteja em consonância com a nova ordem societária. Isso alterou de forma significativa a formação do profissional no sentido de seu posicionamento ao lado da classe trabalhadora, culminando com a revisão do currículo mínimo do curso de Serviço Social de 1982, com o Código de Ética de 1986 e a garantia de direitos civis e políticos da Constituição Federal de 1988. A dimensão política do serviço social tomou então novos patamares, com uma direção pautada em direitos sociais legalmente conquistados com a participação da sociedade civil, dos movimentos sociais e de diversas categorias profissionais. A partir da década de 1990, novamente se ampliaram as discussões sobre a revisão dos elementos que materializam o Projeto Ético-Político da profissão, como o novo Código de Ética de 1993, a Lei 8.662/1993, que regulamenta a profissão, e as novas diretrizes curriculares de 1996, elementos que norteiam o exercício profissional.

Essa nova configuração da dimensão ético-política da profissão potencializa a ação profissional propositiva, interventiva e investigativa, pois durante o estágio supervisionado as reflexões a respeito de valores e posturas profissionais são cotidianas.

Deparamo-nos com frequência com questões que envolvem a crítica, o juízo de valor, a responsabilização do indivíduo diante das expressões da questão social. Na busca por romper essa visão, Barroco (2009) alerta para a relevância da compreensão dos fundamentos éticos da vida social e do serviço social.

Ao intervir na realidade em busca de sua emancipação, o sujeito estabelece mediações por meio da compreensão crítica do cotidiano, o que impacta diretamente suas possibilidades de escolha. Para Barroco (2009, p. 189), ele realiza, assim, um "exercício de liberdade e do compromisso com projetos coletivos". Mas o que são esses projetos? Como se constituem? Que ideologias e forças estão entrelaçadas a eles? Como o serviço social pode fazer essa leitura da realidade social e intervir para garantir os direitos e a emancipação social desses usuários?

Ao assumir uma postura política, o profissional de serviço social não pode negar a luta pela hegemonia da formação, pautada pela teoria social crítica, pelo comprometimento com o fazer profissional engajado e transformador, que saiba utilizar os instrumentais do serviço social em prol da justiça social e da democracia. Durante toda a formação do assistente social, o que inclui o estágio supervisionado, oportuniza-se ao aluno o aprofundamento do conhecimento e a reflexão crítica e analítica da realidade, com foco na garantia de direitos e no cumprimento dos princípios e preceitos do Código de Ética do Assistente Social, tomando por base as dimensões ético-política, teórico-metodológica e técnico-operativa.

O Serviço Social é regido pelo Código de Ética do/a Assistente Social (CFESS, 1993), que indica, segundo Iamamoto (2013, p. 77), "um rumo ético-político, um horizonte para o exercício profissional". O grande desafio, segundo esta autora, é a materialidade de seu preceito na prática do assistente social, que deve estar em consonância com a dimensão teórico-metodológica da profissão e com os direcionamentos do código de ética.

> As dimensões que direcionam o fazer profissional e se materializam nos espaços de atuação são fruto de inúmeras construções coletivas, que, por meio do exercício profissional e do compromisso assumido com os usuários e com o Projeto Ético-Político da profissão, ampliam a discussão de uma intervenção pautada na teoria social crítica que dá sentido, finalidade e identidade à profissão

A dimensão ético-política no serviço social diz respeito, portanto, à intencionalidade da ação e da intervenção, relacionando-se, segundo Guerra (2012), aos princípios e valores que embasam o assistente social, que, por sua vez, estão relacionados aos objetivos de sua ação profissional. Podemos pontuar aqui que toda ação tem uma intencionalidade, portanto, ela não é neutra.

As dimensões que direcionam o fazer profissional e se materializam nos espaços de atuação são fruto de inúmeras construções coletivas, que, por meio do exercício profissional e do compromisso assumido com os usuários e com o Projeto Ético-Político da profissão, ampliam a discussão de uma intervenção pautada na teoria social crítica que dá sentido, finalidade e identidade à profissão.

A supervisão em Serviço Social, que se configura pelo acompanhamento conjunto de supervisores acadêmicos e de campo, deve propiciar a discussão com os acadêmicos e demostrar os elementos que compõem a dimensão ético-política da profissão. Além disso, o estagiário deve identificar de forma objetiva nas intervenções dos supervisores o compromisso assumido com o Projeto Ético-Político da profissão.

Segundo Netto (1999, p. 75):

> O Projeto Ético-Político do Serviço Social, que assume essa nomenclatura somente na década passada, se constrói com base na defesa da universalidade do acesso a bens e serviços, dos direitos sociais e humanos, das políticas sociais e da democracia, em virtude por um lado da ampliação das funções democráticas do Estado e por outro da pressão de elementos progressistas, emancipatórios.

A riqueza da ação profissional nos diversos espaços sócio-ocupacionais amplia o debate e as contradições perante inúmeras questões que fazem os assistentes sociais se reafirmarem como profissionais inseridos na divisão sociotécnica do trabalho, contradições latentes quando evidenciamos a perda de direitos, o desmonte de políticas públicas e sociais, a diminuição de recursos em áreas como as políticas de assistência social, habitação, saúde, previdência, entre outras.

Os embates da profissão são diários, e os alunos, ao se inserir nos campos de estágio, irão presenciar as diversas formas de compromisso ético do assistente social com seus usuários: "pode a ética profissional favorecida por condições sociais e diante de motivações coletivas, ser direcionada a uma intervenção consciente realizadora de direitos, necessidades e valores que respondam às necessidades dos usuários (Barroco, 2009, p. 177).

Segundo Lewgoy (2010, p. 151):

> Desafios e reafirmação de compromissos expressam a dimensão ético-política anunciada para o processo de supervisão de estágio, cuja pauta, apresentada por articulistas, docentes, assistentes sociais e alunos, é cortejada pelas exigências do contexto social, político, econômico e educacional e por desafios a respostas profissionais.

Esses desafios são discutidos pelos supervisores e pelos alunos em espaço de debates, como no Fórum Permanente de Supervisão em Serviço Social, momento de reflexão e questionamento dos contextos social e histórico e dos embates profissionais numa perspectiva de horizontalidade, lembrando que a articulação das dimensões da profissão é desafiada também nos espaços acadêmicos, onde os supervisores precisam olhar a totalidade e, diante da categoria mediação, realizar as articulações dos diversos complexos sociais que se configuram no processo formativo.

Os desafios impostos à dimensão ético-política do serviço social na atual conjuntura política, econômica e social do país são os de reafirmação do assistente social como categoria profissional, inserido na divisão social e técnica do trabalho, assumindo posicionamento com a classe trabalhadora e com a socialização das informações, na qualidade dos serviços prestados e na perspectiva da reafirmação por direitos sociais conquistados. A superação dos desafios requer atenção ao estágio supervisionado no sentido de entendê-lo e valorizá-lo como importante elemento de formação. Segundo Goulart (2013), essa formação deve apresentar o compromisso com o Projeto Ético-Político da profissão, que busca a transformação e a superação das desigualdades pautadas na justiça e na emancipação.

1.4 Dimensão técnico-operativa do serviço social

Até agora discorremos sobre a importância das dimensões teórico-metodológica e ético-política para o serviço social, embasando a atuação do assistente social como parte fundante para a intervenção. Quando dizemos *intervenção*, estamos nos referindo à questão operativa da profissão.

Precisamos, agora, explicar como a dimensão técnico-operativa se efetiva na prática do assistente social. Ela se faz com base nas necessidades oriundas das expressões da questão social e de objetivos definidos para a intervenção, os quais devem estar descritos no plano de trabalho do assistente social e se configuram no comprometimento e nas escolhas que o profissional faz para a garantia de direitos de seus usuários.

Para a compreensão da questão social e a definição dos objetivos que pretende alcançar, o assistente social utiliza-se de referencial teórico-metodológico e ético-político, necessitando de instrumentos que possibilitem a materialização da prática. Para tanto, o assistente social necessita conhecer e articular meios para atingir os objetivos propostos; esses meios e instrumentos constituem-se na dimensão técnico-operativa da profissão.

O uso de instrumentos e técnicas, no entanto, não constitui um fim em si mesmo. Segundo Santos (2013), a concepção da dimensão técnico-operativa extrapola as capacidades técnicas e instrumentais, incluindo também o conjunto de ações e procedimentos adotados pelo assistente social. Entender, portanto, a dimensão técnico-operativa supõe considerá-la em interseção com a teoria e os procedimentos que compõem a ação, sua instrumentalidade e as mediações operativas para desvelar a realidade social.

Mas o que significa incluir ações e procedimentos às técnicas e aos instrumentais? A dimensão técnico-operativa está imbuída de intencionalidade, e nela estão implícitos a cultura, a ética e o embasamento teórico que irão influenciar a escolha e a aplicação dos instrumentos.

Em seu cotidiano, o assistente social deve conhecer a realidade social, realizar seu diagnóstico, saber articular a análise de conjuntura e de estrutura, comprometer-se com a escolha de uma postura profissional consciente e crítica, ter clareza de seu papel diante do contexto em que está inserido, posicionar-se de forma ética e política perante seus usuários e escolher usar os instrumentais como meio, e não como fim para alcançar seus objetivos.

Segundo Iamamoto (2013, p. 52):

> O grande desafio na atualidade é, pois, transitar da bagagem teórica acumulada ao enraizamento da profissão na realidade, atribuindo, ao mesmo tempo, uma maior atenção às estratégias, táticas e técnicas do trabalho profissional, em função das particularidades dos temas que são objeto de estudo e ação do assistente social.

A dimensão técnico-operativa responde ao **como fazer**, razão por que é um dos aspectos considerados mais relevantes pelos estagiários de Serviço Social, pois apresenta maior proximidade com a prática do assistente social e permite que o serviço social seja reconhecido, bem como seu modo de ser e de fazer em sua prática interventiva nos diversos espaços sócio-ocupacionais. Essa dimensão, quando bem articulada com as demais, demonstra o comprometimento do profissional com a emancipação social e política de seus usuários e direciona a identidade da profissão.

Segundo Guerra (2017, p. 50), a dimensão técnico-operativa

> emana a imagem social da profissão e sua autoimagem. Ela encontra-se carregada de representações sociais e da cultura profissional. É a dimensão que dá visibilidade social à profissão, já que dela depende a resolutividade da situação, que, às vezes, é mera reprodução do instituído, e outras, constitui a dimensão do novo.

Mas, como dissemos anteriormente, a dimensão técnico-operativa não engloba somente técnicas e instrumentos contendo, segundo Santos (2013, p. 27), "objetivos; busca pela efetivação desses objetivos; existência de condições objetivas e subjetivas para a efetivação da finalidade".

Na vida cotidiana, em que o assistente social utiliza seu arsenal de instrumental técnico, encontramos locais de atuação de cunho positivista, pragmático, com pouca base teórica, os quais refletem a fala tão usual de alguns supervisores de campo de que "na teoria é uma coisa e na prática é outra", o que impacta de forma negativa os estagiários, que esperam ver nos espaços sócio-ocupacionais a correlação com os ensinamentos de sala de aula, visto estarem em processo de formação acadêmica.

Segundo Santos, Backx e Guerra (2017, p. 57):

> A prática irrefletida (e somente ela), que analisa e intervém no cotidiano profissional, que não ultrapassa o nível da imediaticidade do cotidiano, que responde às necessidades da mera reprodução individual, estabelece uma radical distância entre a elaboração teórica e a intervenção profissional.

Nessa perspectiva, podemos considerar a categoria *mediação com foco na imediaticidade* para dar respostas apenas no campo da singularidade, reproduzindo uma intervenção rotineira, tarefeira e imediatista, sem considerar a totalidade, a universalidade. Dessa forma se reforça a manutenção e a fidelização dos usuários com o serviço social, considerando esta uma relação de dependência com os serviços e programas, sem realizar uma reflexão sobre esse usuário como sujeito histórico e participante da realidade social, tomando-o como mero receptor dos fatos sociais.

O cotidiano profissional é intenso e marcado pela mediação de vários complexos sociais que embasam as dimensões da profissão. O fazer profissional é construído e reconstruído a cada dia e a cada nova demanda, exigindo a pesquisa concreta e o diagnóstico da realidade social para que possa ser propositivo e investigativo, utilizando-se de instrumentos técnico-operativos que deem sentido, que tragam reflexões e possam assim constituir um antídoto à mera reprodução e manutenção da mesmice" (Santos; Backx; Guerra, 2017, p. 51).

Os espaços de atuação profissional não são laboratórios de verdades absolutas. A intervenção se faz em espaços dinâmicos, e isso vale para a supervisão de estágio em Serviço Social, que, por meio dos instrumentos de sistematização do estágio, como diário de campo, plano de estágio, relatório processual descritivo, entre outros, elaborados pelos estagiários e sob supervisão direta, materializa a articulação dos saberes teórico-práticos.

> O fazer profissional é construído e reconstruído a cada dia e a cada nova demanda, exigindo a pesquisa concreta e o diagnóstico da realidade social para que possa ser propositivo e investigativo

Apreender a indissociabilidade das dimensões, ultrapassando os limites do preconceituoso entendimento de que as dimensões têm pesos diferentes e que a dimensão técnica-operativa tem menor valor por se referir "à prática", é visto por Iamamoto (2013) como um desafio a ser transposto na busca da correção da defasagem entre prática e fundamentação teórica e na construção de estratégias técnicas-operativas que respondam às necessidades do trabalho profissional pautado nas concepções teóricas e éticas da profissão, exigência de qualificação para o assistente social.

Precisamos, juntos, voltar à premissa de que a profissão se utiliza da dimensão técnica-operativa para viabilizar a prática profissional, porém não responde sozinha às necessidades impostas à atuação profissional e não pode ser desvinculada da teoria e do método, tampouco da ética e da política.

Não podemos reduzir a dimensão técnico-operativa a um arsenal de instrumentais, como relatórios, pareceres, cadastros, formulários, entre outros. Diminuir a sua relevância é considerar a prática interventiva, propositiva e investigativa à imediaticidade, a atender a ordem burguesa e ao sistema capitalista, numa relação de subalternidade da profissão.

A construção e o reconhecimento da dimensão técnico-operativa do serviço social se fizeram por meio de um processo histórico, desde o movimento de renovação da profissão na década de 1970, por meio dos seminários, principalmente em Teresópolis e Sumaré, e das discussões do Método Belo Horizonte, direcionando a ruptura de uma prática conservadora, tradicional e que atendia aos interesses da classe burguesa, para pautar-se na teoria social crítica e, dessa forma, reconfigurar a questão formativa e interventiva do serviço social.

Nesse contexto, constatamos que a construção dos instrumentos utilizados pelo serviço social tem na gênese a perspectiva das teorias e dos métodos das ciências sociais para dar respostas a exigências impostas às novas configurações dos espaços de intervenção profissional, que *a priori* foram o Estado e as empresas capitalistas.

Não podemos esquecer que a base teórica responsável por configurar os instrumentos técnico-operativos fomenta a direção assumida pela profissão, que desde sua origem vem rompendo com práticas conservadoras. As ações profissionais pautadas na dimensão técnico-operativa constituem-se, segundo Santos, Backx e Guerra (2017, p. 31), dos seguintes elementos:

as estratégias e táticas definidas para orientar a ação profissional, os instrumentos, técnicas e habilidades utilizadas pelo profissional, o conhecimento procedimental necessários para a manipulação dos diferentes recursos técnicos operacionais, bem como a orientação teórico-metodológica e ético-política dos agentes profissionais.

A operacionalização do instrumental técnico-operativo pelo profissional implica que ele revele sua identidade ao fazer profissional. Ela se constitui via intencionalidade e finalidade de sua utilização. Isso implica considerar o comprometimento e a habilidade do profissional em desvelar, na prática cotidiana, as expressões da questão social, perpassando as questões ético-política e teórico-metodológica. Somente nessa perspectiva conseguiremos articular as dimensões ético-política, teórico-metodológica e técnico-operativa na busca pela qualidade dos serviços prestados e na garantia dos direitos sociais aos nossos usuários.

Quanto aos instrumentos e técnicas utilizados pelo assistente social em sua atuação profissional, podemos citar documentos como: diário de atividades; planos, programas e projetos; pesquisa e instrumentos; observação; abordagem; relatório, visita domiciliar; reuniões e entrevistas. Porém, sua aplicação está relacionada ao espaço sócio-ocupacional e aos objetivos de sua utilização.

Isso significa que, se o assistente social optar por utilizar, por exemplo, a reunião como instrumento, deverá considerar o que pretende alcançar com ele. Para que o está utilizando? De que forma e para que público? Como o utilizará? Perceba que nessas perguntas apresentamos a importância de se conhecer a intencionalidade e os objetivos intrínsecos à aplicação do instrumento, que revelam, por sua vez, as concepções teóricas e políticas da ação, situando o profissional quanto a sua atuação e à coerência para o uso do instrumental.

A construção da intencionalidade dos instrumentos não pode estar articulada somente ao fazer profissional, ou seja, não podemos desvinculá-la da dimensão pedagógica e curricular. Há portanto, segundo Santos, Backx e Guerra (2017, p. 38),

> uma necessidade de se avançar na perspectiva de totalidade ao abordar os instrumentos, sem abrir mão de que os alunos se apropriem das tecnologias individuais e coletivas do exercício profissional.

A premissa é de que a técnica é uma construção teórica que implica aprimoramento do instrumento; aprimoramento este que aciona o conjunto das dimensões que integram o exercício profissional.

O entendimento das realidade social, da questão social motivadoras da ação e da realidade que permeia a ação requer o conhecimento dos sujeitos da intervenção; as relações de poder, tanto horizontais quanto verticais; o perfil do usuário – a natureza das demandas; o modo de vida dos usuários e o conhecimento das atribuições profissionais. Podemos perceber, portanto, que não se trata do uso indiscriminado de instrumentos e técnicas, mas sim de aprofundamento e embasamento quanto à realidade social, política e institucional do sujeito e do assistente social.

Os desafios que se impõem à profissão na contemporaneidade exigem do assistente social habilidades e competências que, segundo Iamamoto (2013, p. 143), perpassam a formulação e a avaliação de políticas sociais, assim como *expertise* na organização de movimentos sociais, requerendo também conhecimento e *expertise* no instrumental técnico-operativo que garanta a realização de ações nas áreas de planejamento, assessoria, negociação e pesquisa, buscando o empoderamento e a participação dos usuários na "formulação, gestão e avaliação de programas e serviços sociais de qualidade".

A dimensão técnico-operativa é um constante reinventar do cotidiano; é posicionar-se a favor dos projetos societários e propor uma ação emancipatória aos usuários dos serviços sociais. O olhar para o estágio supervisionado e o uso de instrumentos técnico-operativos deve transcender, segundo Goulart (2013, p. 4), "um olhar meramente operativo de exigências curriculares que instruem à construção de documentos administrativos e técnicos, sempre atentando para a instrumentalidade no uso dos instrumentais técnicos".

Nessa trajetória, precisamos pontuar que a intervenção do assistente social é um conjunto de escolhas articuladas que perpassam as considerações políticas, teóricas, metodológicas e técnicas para alcançar seus objetivos, sejam estes institucionais, sejam profissionais e dos usuários, sempre pautado no Projeto Político-Pedagógico (PEP), o que exige comprometimento com o projeto hegemônico da profissão e habilidade para perceber o significado histórico da profissão no contexto das novas configurações no mundo do trabalho.

Síntese

Neste capítulo, apresentamos a importância do estágio supervisionado na formação do assistente social, definindo-o como espaço de aproximação teórico-prática, de análise e de problematização das expressões da questão social que se evidenciam no cotidiano do exercício profissional.

Contextualizamos o processo de supervisão no Brasil ao longo das tendências filosóficas e teóricas, vinculado inicialmente a um caráter terapêutico, com forte influência da psicanálise, que, após a aproximação com as teorias das ciências sociais, apresentou características da teoria funcionalista de ajustamento social e que, posteriormente, com o movimento de reconceituação e o congresso da virada, alterou significativamente a forma de atuação do exercício profissional, adotando hegemonicamente a teoria social crítica e o método marxista como base teórica. Esse novo contexto ideológico e político da profissão, que se compromete com a classe trabalhadora, refletiu no processo de supervisão em serviço social, assumindo um caráter pedagógico de aprendizagem e uma postura crítica, propositiva, interventiva e analítica.

Falamos sobre os documentos que materializam o Projeto Ético-Político da profissão e abordam a questão do estágio em serviço social como atividade indispensável e integradora do currículo, sendo exigência obrigatória para a formação de bacharel em Serviço Social.

Finalizamos este capítulo apresentando a relação e as aproximações entre as dimensões teórico-metodológica, ético-política e técnico-operativa e o estágio em serviço social, compreendendo que elas somente se materializam nos espaços sócio-ocupacionais onde se configuram as diversas formas de enfrentamento da categoria profissional diante das expressões da questão social.

Questões para revisão

1. O aprendizado do exercício profissional pelo assistente social ocorre ao longo de toda a sua formação acadêmica, e é durante a prática de estágio que acontece a aproximação do aluno com a realidade impressa no cotidiano profissional. Por isso, não podemos nos esquecer da relação entre estágio e formação profissional na busca da habilitação para a prática interventiva do assistente social.

   A respeito da formação do assistente social, é correto afirmar:
   a) A formação do assistente social para o exercício profissional dá-se durante a realização do estágio supervisionado.
   b) A formação para o exercício profissional do assistente social dá-se de forma continuada desde o período acadêmico e ao longo de toda sua trajetória profissional.
   c) O estágio supervisionado constitui-se em etapa não obrigatória na formação do assistente social.
   d) Durante o estágio supervisionado, a dimensão técnico-operativa é considerada prioridade na formação do assistente social.

2. O aprendizado do exercício profissional é revelado no cotidiano por meio das formas como o profissional capta as complexas e contraditórias expressões da realidade social e as materializa para dar respostas aos seus usuários. Para Lewgoy (2010), o aprendizado do exercício profissional se faz no cotidiano, contexto em que o estágio supervisionado é a instância que favorece:
   a) o trânsito do universal ao singular, ampliando a intervenção do serviço social.
   b) o trânsito das relações sociais para favorecer as relações institucionais.
   c) o trânsito das relações entre a instituição de ensino e as teorias do serviço social.
   d) o trânsito do singular ao universal, particularizando a intervenção do serviço social no âmbito das relações sociais.

3. Quando falamos da intencionalidade da ação e da intervenção profissional pautados nos princípios e valores que embasam o assistente social, estamos nos referindo a qual dimensão?
   a) Dimensão operativa da profissão.
   b) Dimensão teórico-metodológica da profissão.
   c) Dimensão ético-política da profissão.
   d) Dimensão técnico-operativa da profissão.

4. Qual a importância da realização do Fórum Permanente de Supervisão em Serviço Social?

5. Do que trata a dimensão teórico-metodológica do serviço social?

Questões para reflexão

1. De que forma podemos garantir a indissociabilidade das dimensões teórico-metodológica, ético-política e técnico-operativa da profissão na prática interventiva do assistente social?

2. Qual a importância das Diretrizes Curriculares da ABEPSS de 1996 para a organização do estágio supervisionado em Serviço Social?

3. Quais atitudes podem ser exercitadas durante a realização do estágio para promover o caráter crítico e propositivo do aluno?

Para saber mais

LEWGOY, A. M. B. **Supervisão de estágio em serviço social**: desafios para a formação e o exercício profissional. 2. ed. São Paulo: Cortez, 2010.

Nessa obra, a autora realiza um estudo e o aprofundamento teórico sobre a supervisão de estágio no contexto da política educacional e do atual mundo de trabalho, abordando as contradições, os desafios e os enfrentamentos da categoria profissional perante a formação profissional.

CAPÍTULO 2

Estágio supervisionado e sua relação com o Código de Ética e o Projeto Ético-Político

Conteúdos do capítulo:

- Estágio como espaço de aprendizagem.
- Estágio e compromisso com o Projeto Ético-Político do Serviço Social (PEPSS).
- Código de Ética na prática do assistente social e na realização do estágio: uma relação inseparável.

Após o estudo deste capítulo, você será capaz de:

1. compreender que o estágio supervisionado em Serviço Social é uma exigência para a formação do assistente social e visa ao desenvolvimento de competências e habilidades durante o processo de aprendizagem;
2. identificar, na prática interventiva e propositiva do assistente social durante o estágio em Serviço Social, o compromisso da categoria com os projetos societários, com a questão social e com suas diversas expressões no cotidiano;
3. reconhecer, durante a realização do estágio supervisionado em Serviço Social, a indissociabilidade entre a atuação profissional e os princípios do Código de Ética profissional.

Neste capítulo tratamos sobre a necessária relação entre o estágio supervisionado em Serviço social, o Código de Ética e o Projeto Ético-Político da profissão, elementos fundamentais para que o leitor compreenda o processo de formação e aprendizagem do aluno. Abordamos, ainda, a questão legal sobre a organização do estágio, bem como a necessidade de compreensão do estágio como processo de formação, de aproximação com a realidade social, e não como emprego, conforme orienta a Lei n. 11.788, de 25 de setembro de 2008 (Brasil, 2008). Apresentamos como se configura o estágio para o curso de Serviço Social em conformidade com a legislação específica: as Diretrizes Curriculares de 1996, da Associação Brasileira de Ensino e Pesquisa em Serviço Social (ABEPSS), a Lei n. 8.662, de 7 de junho de 1993 (Brasil, 1993), e o Código de Ética do/a assistente social de 1993 (CFESS, 1993). Nesse contexto, relacionamos o compromisso da categoria com o projeto profissional e enfatizamos que durante a realização do estágio o aluno deverá realizar as aproximações necessárias para a construção da identidade profissional. Por fim, abordamos a relação entre o fazer profissional, o estágio e os princípios do Código de Ética profissional.

2.1 Estágio como espaço de aprendizagem

O estágio supervisionado em Serviço Social é o momento do curso em que o aluno se aproxima de forma sistemática e estruturada da realidade social e acompanha a intervenção do assistente social em diversos espaços sócio-ocupacionais. Para melhor compreender esse processo, faz-se necessário conhecer a legislação que trata do estágio como espaço de aprendizado.
Segundo a Lei de Diretrizes e Basesda Educação Nacional (LDBEN) – Lei n. 9.394, de 20 de dezembro de 1996 (Brasil, 1996) –, cabe às instituições de ensino o estabelecimento de normas de realização

do estágio, observando a Lei n. 11.788/2008, que em seu art. 1º apresenta o estágio como "ato educativo escolar, desenvolvido no ambiente de trabalho, que visa à preparação para o trabalho produtivo de educandos que estejam frequentando o ensino regular [...]" (Brasil, 2008).

O estágio supervisionado obrigatório do curso de Bacharelado em Serviço Social é pré-requisito para o processo de formação acadêmica dos alunos e está em conformidade com a Lei n. 11.788/2008, a qual estabelece as definições sobre o processo de estágio entre a unidade de ensino e as unidades concedentes de campos de estágio, onde o educando tenha contato com o ambiente de trabalho e desenvolva suas competências e habilidades de acordo com a proposta pedagógica do curso em questão.

Definido então como ato educativo escolar, o estágio integra o projeto pedagógico dos cursos na busca de formação do estudante, visando ao desenvolvimento das competências profissionais dele exigidas. A Lei n. 11.788/2008 divide o estágio em **obrigatório** e **não obrigatório**, entendido o primeiro como aquele cuja carga horária é requisito para aprovação e obtenção do diploma, não havendo, em nenhuma das modalidades de estágio, vínculo empregatício.

A lei prevê, também, obrigações da instituição de ensino superior (IES) e das instituições concedentes de estágio – campos de estágio –, definindo ainda a jornada de estágio e a documentação necessária à sua realização. Ressaltamos que a regulamentação protege tanto o estagiário quanto a instituição concedente de estágio e a instituição de ensino, regulamentando as relações e obrigações entre os entes envolvidos.

A jornada de estágio para estudantes do ensino superior deve seguir as orientações legais vigentes, e no curso de Serviço Social o estagiário somente poderá realizar o estágio sob supervisão direta do assistente social, respeitando a carga horária semanal do assistente social supervisor de campo de estágio.

O entendimento do estágio como espaço de aprendizado, e não como trabalho, fica explícito na legislação federal, que o regulamenta em todos os níveis de formação no país, não perdendo de vista o seu objetivo, que é oportunizar o desenvolvimento de habilidades exigidas para o profissional em campo prático de atuação. É comum nos cursos de graduação alguns alunos confundirem o estágio que concede bolsa-auxílio com emprego. É relevante frisarmos que o estágio se refere a um processo de aprendizagem no qual o aluno está em fase de formação, razão por que sua ação não pode configurar a execução de atividades e tarefas sem compreender a relação pedagógica do estágio em Serviço Social. Sobre esse entendimento equivocado por grande parte dos alunos, Lewgoy (2010, p. 36) afirma:

> Quando a exigência do estágio supervisionado se coloca, há "pressão" por parte dos alunos para que a coordenação priorize aqueles campos com maior remuneração em detrimento, quase sempre, da proposta de intervenção profissional. [...]. Uma outra forma de conciliar o curso com a necessidade de emprego está na busca de estágio de final de semana que, se não bem estudado à possibilidade de uma experiência de ensino de qualidade e não meramente o cumprimento de carga horária para a conclusão do curso, pode representar um sério distanciamento de um projeto profissional que privilegie o desenvolvimento de novas competências, sociopolíticas e teórico-instrumentais no conhecimento da realidade social.

Atualmente, as instituições de ensino superior compreendem o perfil do aluno trabalhador, que representa a maioria dos alunos, mas essa condição imposta pelo sistema capitalista não deve fragilizar a configuração do estágio em Serviço Social como processo formativo realizado nos últimos dois anos do curso. Sob esse olhar, "analisar o Serviço Social implica no estudo do movimento que envolve o exercício profissional e o processo de formação dos assistentes sociais em diferentes contextos e conjunturas, na articulação com a realidade numa perspectiva histórica de totalidade" (Ribeiro, 2016, p. 125).

Mas de que forma se organiza e se orienta o estágio supervisionado em Serviço Social especificamente? Em conformidade com as Diretrizes Curriculares do curso (ABEPSS, 1996), com a Política Nacional de Estágio – PNE (ABEPSS, 2010) e com a Resolução n. 533, de 29 de setembro de 2008, do Conselho Ferderal de Serviço Social (CFESS, 2008).

Por ser o estágio uma disciplina marcada por atividades acadêmicas e de campo, seu caráter de aprendizado não se estabelece somente nas unidades de ensino, por meio dos supervisores acadêmicos, nem somente com os supervisores de campo nas unidades concedentes de estágio. O estágio deve ser um momento de construir saberes numa práxis coletiva, emancipatória, que potencialize a criticidade, a postura interventiva e permita ao aluno estabelecer as relações necessárias para a formação de sua identidade profissional. A respeito da formação desta, Ribeiro (2016, p. 127) esclarece: "O processo de formação profissional caracteriza-se, portanto, como um processo bem mais amplo, que se fundamenta no movimento histórico da realidade e na articulação das três dimensões do ensino – docência teórico-prática, pesquisa e extensão".

O estágio é o momento em que o aluno faz as aproximações e reflexões por meio da vivência sobre as dimensões teórico-metodológica, ético-política e técnico-operativa da profissão, articulando os conteúdos das disciplinas ministradas em sala de aula com as intervenções propostas nos espaços de atuação profissional. Podemos compreender esse momento como um despertar para o aluno, marcado muitas vezes pela contradição e mediação das relações sociais institucionais e pelas demandas dos usuários dos serviços sociais.

Na estrutura curricular do curso, o estágio encontra-se inserido na disciplina relacionada ao Processo de Trabalho do Serviço Social, sendo entendido, segundo as Diretrizes Gerais para o Curso de Serviço Social (ABEPSS, 1996) como elemento pedagógico que contribui para a formação de um profissional com perfil atuante "nas expressões da questão social, formulando e implementando propostas para o seu enfrentamento", que tem "formação intelectual e cultural generalista crítica" e "comprometido com valores e princípios norteadores do Código de Ética do/a Assistente Social" (CFESS, 2012, p. 11).

As Diretrizes Curriculares do curso de Serviço Social aprovadas pelo Ministério da Educação (MEC) – conforme o Parecer n. 1.363, de 12 de dezembro de 2001 (Brasil, 2001b), do Conselho Nacional de Educação (CNE) e da Câmara de Educação Superior (CES) – norteiam todas as ações para organizar o curso e suas disciplinas de forma estruturante, considerando os componentes que materializam a formação engajada e direcionada para promover competências e habilidades em conformidade com o Projeto Ético-Político da profissão. Esse olhar para a formação, pautado em fortes bases orgânicas, se reflete no compromisso assumido pelas instituições de ensino com a formação, o ensino, a pesquisa e a extensão, entendendo que a formação em Serviço Social é um processo que se constrói e reconstrói em conformidade com os compromissos assumidos pela categoria tanto em termos de intervenção acadêmica quanto de campo.

> O estágio é o momento em que o aluno faz as aproximações e reflexões por meio da vivência sobre as dimensões teórico-metodológica, ético-política e técnico-operativa da profissão, articulando os conteúdos das disciplinas ministradas em sala de aula com as intervenções propostas nos espaços de atuação profissional

A Lei n. 8.662/1993 regulamenta a profissão de assistente social dispondo a respeito de competências, atribuições privativas e funcionamento do conjunto CRESS/CFESS. No que se refere ao estágio e seu acompanhamento, a referida lei institui para as unidades de ensino a responsabilidade pelo credenciamento dos campos de estágio, pela comunicação aos Conselhos Regionais a respeito dos campos e pela indicação do assistente social responsável pela supervisão. A lei afirma a supervisão de estágio em Serviço Social como ação privativa do assistente social de posse de seus direitos profissionais. E a que correspondem esses direitos profissionais? Como já falamos no primeiro capítulo, o assistente social precisa ter clareza das dimensões da profissão para exercitar sua prática interventiva, além de estar de posse de seus direitos profissionais, com o cadastro no Conselho Regional de Serviço Social (CRESS) ativo e devidamente em dia com suas obrigações nesse Conselho.

Como podemos perceber, há uma preocupação do conjunto CRESS/CFESS com a formação do aluno, estruturando o curso na garantia de que diretrizes e normativas deem vida e sentido operativo ao estágio.

A PNE da ABEPSS (2010) apresenta as diretrizes gerais, apontando os princípios norteadores do estágio em Serviço Social. Este, segundo o ABEPSS (2010), constituiu-se um documento que objetiva a defesa do estágio em Serviço Social com qualidade. Trata-se de documento norteador que não tem, no entanto, força de lei, mas subsidia e realiza uma reflexão quanto ao estágio supervisionado, apontando estratégias para sua efetivação.

Segundo o Plano Nacional de Educação (ABPESS, 2010), o estágio curricular pauta-se nos princípios firmados pelo Código de Ética do/a Assistente Social (CFESS, 1993) e pelos princípios da indissociabilidade entre as dimensões ético-política, teórico-metodológica e técnico-operativa, na articulação, formação e exercício profissional e no compromisso entre os entes envolvidos no estágio, a saber: estudante e supervisores de campo e acadêmico, na busca do desenvolvimento de competências profissionais em um processo de aprendizagem mútua que envolve o conhecimento e a reflexão a respeito da realidade de estágio e a construção de conhecimentos.

Esse estágio, que ocorre em diversos espaços sócio-ocupacionais, expressa significados, intencionalidades, condições concretas e contraditórias entre as classes antagônicas na disputa por direitos distintos. A inserção do aluno nesse complexo social deve potencializar a leitura da realidade social por meio da instrumentalidade da profissão e dos saberes construídos e desconstruídos nos espaços acadêmicos e de campo. Falar da relação de aprendizagem na formação vinculada ao estágio é discutir o contemporâneo com suas várias expressões da questão social, carregada de particularidades que fazem parte do cotidiano da profissão.

Devemos ressaltar o princípio que trata da indissociabilidade entre estágio e supervisão de campo e acadêmica. De acordo com esse princípio, a supervisão acadêmica e de campo deve ser realizada durante todo o processo de aprendizado, que envolve o estágio supervisionado, buscando o conhecimento, a realização de propostas e a efetivação de ações interventivas. Para tanto, a observância do princípio de unidade teoria-prática é imprescindível para se entender a indissociabilidade das dimensões prática e teórica. Essa afirmação nos alerta para o corrente equívoco de discurso de segmentos da categoria de que "na prática a teoria é outra". Essa afirmação constitui um posicionamento que pode provocar no acadêmico questionamentos a respeito dos debates teóricos realizados ao longo de sua formação. É preciso compreender que a prática do assistente social deve estar comprometida com os princípios que norteiam a profissão e estar condizente com as dimensões teórico-metodológica e ético-política do serviço social.

Proporcionar uma prática interventiva pautada nos princípios norteadores da profissão é um dos desafios dos profissionais na atualidade, visto o enfrentamento que a categoria vem realizando, principalmente, em relação ao Estado, no que tange às ameaças de desmonte das políticas públicas, como a Assistência Social, a Previdência Social, a Educação, bem como o aumento da concentração de renda nas mãos de poucos e a complexificação da questão social, que se intensifica diante de um Estado ausente e de cunho neoliberal.

Visto como espaço de aprendizagem, o estágio supervisionado em Serviço Social implica compartilhar, socializar e refletir com o estagiário as diversas formas do posicionamento ético-político do assistente social no seu cotidiano, para atuar na garantia de direitos de seus usuários, promovendo no acadêmico a postura crítica, o olhar ampliado diante das expressões da questão social e, principalmente, levando-o a se comprometer com o processo coletivo da formação da identidade profissional.

2.2 Estágio e compromisso com o projeto profissional do serviço social

Dissemos anteriormente que o estágio supervisionado tem por objetivo desenvolver habilidades exigidas para a prática profissional. Também afirmamos que o estágio deve estar condizente com o

Projeto Ético-Político do Serviço Social (PEPSS). A seguir, apresentaremos o projeto profissional do serviço social.

Para que você possa compreender o que é esse projeto e como se configura, precisamos contextualizar que o serviço social é uma profissão inserida na divisão social e técnica do trabalho numa sociedade capitalista de produção, em que o entendimento das relações do homem em sociedade se estabelece na exploração do trabalho. O sistema capitalista de produção pauta-se na divisão social do trabalho, e este, conforme entendimento de Netto e Braz (2006), é social e coletivo, tornando-se uma necessidade.

Nessa dinâmica, precisamos relembrar que a grande fase de desenvolvimento capitalista aconteceu durante a Revolução Industrial, esta marcada pelas inovações técnicas que, segundo Catani (2011, p. 42), mudaram o processo de produção, "tornando-o da casa ou da oficina artesanal para a fábrica, tornando-o processo coletivo de dezenas e, mais tarde, de centenas de trabalhadores". Sob essa nova ordem mundial, as relações de trabalho se alienaram e fragmentaram, e o homem, que antes trabalhava e se reconhecia no que produzia, afastou-se de sua essência e passou a produzir e reproduzir a ordem imposta pelo capital. As relações sociais, que inicialmente se estabeleciam de forma orgânica, sofreram alterações e o coletivo deu espaço ao individual.

O capitalismo realiza, segundo Marx (1987), a transformação da força de trabalho em mercadoria, em prol do enriquecimento do capital, pautado na exploração da força de trabalho do trabalhador. Para Marx (1987), isso é resultado da centralização da propriedade dos meios de produção, ou seja, dos recursos e instrumentos que viabilizam a produção por uma classe capitalista que necessita do trabalhador, que por sua vez vende sua força de trabalho para subsistir. Não sendo possuidor dos meios de produção, o trabalhador então troca o produto de seu trabalho, que assim se torna mercadoria; e ele o faz para sobreviver, pois não detém os meios de produção.

As diversas alterações nas relações de produção e do mundo do trabalho com base nos modelos fordista, taylorista e toyotista configuraram e deram ritmo a alterações estruturais na sociedade moderna, como a acumulação flexível, a flexibilização do trabalho, a intensificação de novas tecnologias e de serviços financeiros, que potencializam a livre concorrência e transformam os operários em "trabalhadores multifuncionais" (Coriat, 1992, citado por Antunes, 2015, p. 45). Ao pensarmos nas consequências dessas múltiplas fases do sistema capitalista – e observarmos a realidade atual –, percebemos que hoje vivenciamos a era da precarização do trabalho, da informalidade nas relações entre patrão e empregado, do desemprego ampliado, da perda de direitos, dos baixos salários e do aumento do exército industrial de reserva.

> O trabalho estável torna-se, então, informalizado e por vezes, dada a contingencialidade, quase virtual. Estamos vivenciando, portanto, a erosão do trabalho contratado e regulamentado, dominante no século XX, e assistindo a sua substituição pelas diversas formas de "empreendedorismo", "cooperativismo", "trabalho voluntário", "trabalho atípico". (Vasapollo et al., 2005, citado por Antunes, 2015, p. 129)

Iamamoto e Carvalho (2014) ressaltam a visão do trabalho como virtude pela sociedade, ficando o trabalhador alijado da compreensão no que se refere aos interesses do capital em relação ao seu trabalho. Segundo esses mesmos autores, "para o capitalista, o trabalho é meio e fim; para o operário, preso nessa noção ideológica, o trabalho é meio de libertar-se e não apenas meio de exploração" (Iamamoto; Carvalho, 2014, p. 164).

Diante da exploração, o trabalhador vê-se exposto a vulnerabilidades que agravam as desigualdades sociais e potencializam as expressões da questão social, como o desemprego, a fome, a violência, entre outras, e é nesse contexto de contradições e tensões sociais que se insere o assistente social. Segundo o CFESS (2012), ante as transformações e exigências sociais no mundo do trabalho, o serviço social renova-se com um projeto coletivo, por meio do qual os assistentes sociais se comprometem com a classe trabalhadora, embasados por um Projeto Ético-Político respaldado pela Lei 8.662/1993, que regulamenta a profissão, no Código de Ética do Assistente Social e nas Diretrizes Curriculares do Curso de Serviço Social.

No que tange à dimensão político-organizativa, segundo o CFESS (2012), o projeto ético-político da profissão ganha respaldo do CFESS, do CRESS, da ABEPSS e da Executiva Nacional de Estudantes de Serviço Social (Enesso), pautando-se na busca de uma sociedade comprometida com os preceitos da liberdade, dos direitos humanos, da democracia, da equidade e da emancipação humana.

O estágio em Serviço Social deve estar de acordo com as normas que regem o estágio e a supervisão direta regida pela Resolução CFESS n. 533/2008, representando para o CFESS (2012, p. 5) "um avanço na defesa da qualidade na formação e no exercício profissional da/o assistente social, [...] na busca da indissociabilidade entre formação e exercício profissional".

Diante da exploração e da perda de direitos dos trabalhadores na conjuntura econômica e política brasileira na atualidade, temos de refletir sobre a atuação do profissional na defesa da liberdade e dos direitos dos trabalhadores em uma sociedade política e econômica organizada para a perda de direitos e o aumento do lucro. Nessa perspectiva, precisamos alinhar nossa prática interventiva, propositiva e investigativa em consonância com os projetos societários, mas para isso precisamos compreender o que eles são e que rumo estão seguindo na sociedade contemporânea. A respeito dos projetos societários, Netto (1999, p. 95) afirma que "apresentam uma imagem de sociedade a ser construída, que reclamam determinados valores para justificá-la e que privilegiam certos meios (materiais e culturais) para concretizá-la". Constituem-se, segundo o autor, em projetos macroscópicos, para o conjunto da sociedade. São, portanto, projetos de classe" (Netto, 1999, p. 95).

Afirmar que a categoria profissional está comprometida com a classe trabalhadora implica fazer a leitura da realidade social para materializar nossa prática profissional nos diversos espaços de atuação. Essa afirmação deve estar presente durante toda a formação do assistente social, em reflexão constante também durante a realização do estágio supervisionado, sendo enfatizada ao longo do exercício profissional do assistente social.

Nos campos de estágio, espaços sócio-ocupacionais do serviço social, o profissional tem a responsabilidade de refletir e atuar na defesa dos direitos da população e primar pela qualidade do estágio supervisionado e da supervisão de estágio, que deve estar em consonância com as premissas do Projeto Ético-Político da profissão. Para isso, deve estar comprometido com uma formação de qualidade, que, segundo o CFESS (2012), é uma das bases do Projeto Ético-Político profissional, devendo ser dada atenção à precarização advinda da contrarreforma da educação, pautada na mercantilização e na precarização do ensino superior.

O aluno deve observar formas de intervenção que garantam a consonância do projeto profissional (PEPSS). E de que forma conseguimos evidenciar essa ação do assistente social? Em diversos momentos durante a leitura dos temas desta obra, você pôde refletir sobre como se configura o trabalho do assistente social e qual é sua relevância na garantia de direitos da população usuária. Com esse olhar, o estágio deve ser um espaço ampliado de discussões, reflexões e proposições, fazendo as interfaces entre o cotidiano, as demandas e os debates contemporâneos da profissão.

Isso nos leva a constatar que ainda se evidenciam práticas e posicionamentos conservadores na profissão, com olhar positivista-funcionalista, no qual

> A perspectiva conservadora então estabelece uma compreensão da realidade, negando-lhe seu caráter histórico e relacional; impõe um caráter imediatista às ações do profissional; pressupõe a dominação daquele que conhece sobre aquele que "não conhece"; concebe como produto da intervenção a adaptação do sujeito, seu ajustamento. Por trás desta perspectiva, há a culpabilização do indivíduo por sua condição, pois o indivíduo que não está adaptado à realidade que é, por essa linha de pensamento simples, fácil, boa e justa. Caracteriza-se a realidade como espaço onde tudo e todos têm um lugar e devem permanecer nele. (Silva, 2012, p. 24-25)

Essas práticas conservadoras confundem e comprometem a construção da identidade da profissão e impactam a formação do estagiário de Serviço Social, que questiona e/ou pode se institucionalizar e reproduzir o pensamento conservador em seus elementos de sistematização da prática, como nos diários de campo, projetos de intervenção e relatórios de estágio. Esse é um momento de extrema preocupação das unidades de ensino, visto ter em sua diretriz curricular um dos elementos que materializam o Projeto Ético-Político da profissão: a orientação pautada na teoria social crítica, que visa à formação emancipatória, uma práxis profissional de pensar e fazer a profissão com foco na garantia de direitos e ao lado da classe trabalhadora.

Consolidar o Projeto Ético-Político da profissão requer trabalhar, segundo Iamamoto e Carvalho (2014), para a transformação da vida em sociedade, a consolidação dos preceitos de liberdade, autonomia, direitos humanos e democracia, que se constituem, entre outros, nos princípios do Código de Ética do Assistente Social. Para tanto, Iamamoto e Carvalho (2014) apontam a necessidade de realizar pesquisas referentes à realidade de vida e trabalho.

Durante a realização do estágio, e também para a efetivação da proposta interventiva, a pesquisa é um importante aliado para o conhecimento da realidade do campo, a busca do entendimento histórico da realidade social, dos usuários do serviço e dos processos de trabalho nele existentes.

Durante o estágio supervisionado em Serviço Social se realizam mediações entre os diversos saberes da profissão, que se constroem e reconstroem e reconfiguram a vida em sociedade, que, por sua vez, passa por diversas modificações. O ambiente de estágio é um espaço vivo e dinâmico, onde se materializa o processo de trabalho. Por meio da objetivação do cotidiano e de sua interlocução com as dimensões teórico-metodológica, ético-política e técnico-operativa da profissão, os assistentes sociais atuam comprometidos a garantir os direitos dos usuários e com o Projeto Ético-Político da profissão.

2.3 Código de Ética na prática do assistente social e na realização do estágio: uma relação inseparável

Neste item, faremos uma reflexão sobre o estágio supervisionado em Serviço Social e sua relação com o Código de Ética e o Projeto Ético-Político, lembrando que, para melhor compreender e absorver esse processo teórico-prático, se faz mister ter em pauta os elementos que o materializam, como as Diretrizes Curriculares de 1996 (ABEPSS, 1996) e a Lei 8.662/1993, que regulamenta e profissão e o Código de Ética do/a assistente social (CFESS, 1993). Esses documentos estão historicamente pautados em espaços de discussão e contradição da categoria profissional e trazem consigo a marca, a identidade e a direção da profissão como inserida na divisão sociotécnica do trabalho, pautada na teoria social crítica e na luta pela garantia de direitos da classe trabalhadora.

O Código de Ética do/a Assistente Social de 1993 tem como objetivo, segundo o CFESS (1993), corrigir insuficiências do Código de Ética de 1986, que necessitava de uma revisão fundamentada na criação de valores éticos, com base no compromisso com os usuários dos serviços sociais, considerando valores pautados na democracia, na liberdade e na justiça social.

Durante toda sua vida profissional o assistente social deve estar atento à sua prática profissional, cuidando para que esteja consonante ao Código de Ética da profissão. Este norteia a prática e a postura do profissional e se baseia em 11 princípios, que explicaremos a seguir.

O **princípio de reconhecimento da liberdade**, segundo CFESS (1993), **como valor ético central e das demandas a ela inerentes**, apresenta-se para Barroco e Terra (2012) como norte a ser seguido pelos assistentes sociais em sua prática profissional e em seu relacionamento com os usuários dos serviços. A respeito da liberdade, há de se compreender, segundo as autoras, que a concepção de liberdade não é individualizada, mas busca o entendimento da sociedade exploradora e da população oprimida pelas diferenças e pela exploração – sociedade esta que imprime uma visão de acesso individual aos direitos, que, porém, não são expressos no coletivo da classe trabalhadora.

> **Durante toda sua vida profissional o assistente social deve estar atento à sua prática profissional, cuidando para que esteja consonante ao Código de Ética da profissão**

A visão de liberdade proposta pelo Código de Ética diz respeito, portanto, à necessidade de se entender histórica e socialmente uma sociedade capitalista baseada na produção, na exploração e no lucro e as condições impostas a quem nela vive. O Código de Ética nos remete à autonomia, na perspectiva da emancipação dos usuários como indivíduos sociais que participam ativamente dos espaços onde demandam as expressões da questão social. Compreender esse processo nos espaços de atuação é de suma relevância para a consolidação do Projeto Ético-Político do assistente social, constituindo esse espaço em local onde os alunos do curso de Serviço Social irão realizar as aproximações teórico-práticas da profissão, num fazer da práxis transformadora que se faz e se refaz no coletivo e no entendimento do projeto profissional em consonância com os projetos societários.

O segundo princípio que embasa o Código de Ética do Assistente Social trata da **defesa intransigente dos direitos humanos** e da **recusa ao arbítrio e ao autoritarismo**. Segundo Barroco e Terra (2012), isso requer do assistente social o afastamento de condutas arbitrárias e injustas. Estas e o autoritarismo devem ser combatidos pelo assistente social nos âmbitos público e pessoal, em que o domínio financeiro e a coação se manifestam de forma constante. O combate ao arbítrio e ao autoritarismo deve ser uma constante na prática profissional do assistente social, devendo aqueles serem detectados e combatidos também pelo estagiário em sua prática diária de estágio.

A ampliação e a consolidação da cidadania representam um passo importante na efetivação dos direitos civis e políticos, devendo se constituir em compromisso do assistente social, o qual em sua prática, luta pelos direitos da população, também realizando a proposição de políticas públicas para o enfrentamento das questões sociais oriundas da desigualdade social.

Cabe aqui contextualizarmos o momento histórico em que foi revisto o Código de Ética de 1993, quando profundas alterações aconteciam na vida em sociedade, a exemplo do rompimento com o conservadorismo da ditadura militar e o posicionamento para a garantia dos direitos civis, políticos e sociais da população, o que culminou com a promulgação da Constituição Federal de 1988. Esta ficou conhecida como ***Constituição Cidadã*** por ter sido construída em parceria com a sociedade civil, movimentos sociais e diversas categorias profissionais.

Na atualidade, mesmo após essa mobilização para a garantia de direitos, faz-se necessário o fortalecimento da participação cidadã diante do descaso quanto à efetivação de seus direitos, que, apesar de garantidos em lei, muitas vezes não são acessados pela população. A **defesa e o aprofundamento da democracia** constituem o princípio norteador do Código de Ética, com o entendimento, segundo Barroco e Terra (2012), da necessidade de socialização da riqueza produzida. Mas o que isso quer dizer? Ora, que o assistente social deve se comprometer a instituir a democracia real, que garanta acesso e renda a todos os envolvidos na produção de bens e nos diferentes processos de trabalho, compromisso este firmado pelo estagiário em campo de estágio, que se consolida na sua atuação e na proposição interventiva do projeto de intervenção. Dessa maneira, a defesa da democracia, segundo Barroco e Terra (2012, p. 127), "tem sua expressão na socialização da riqueza socialmente produzida".

A democratização e socialização da riqueza socialmente produzida muitas vezes é um tema de difícil compreensão nos espaços de atuação profissional, onde a exploração e a alienação do trabalho é uma constante. O aluno de Serviço Social, ao estar inserido nesse espaço de contradições, de forças antagônicas entre classes sociais, deve reconhecer no posicionamento ético-político do assistente social a perspectiva de defesa do aprofundamento democrático que garanta os serviços sociais aos seus usuários.

A **defesa da equidade e da justiça social** também compõem os princípios do Código de Ética de 1993, buscando a justiça e a igualdade. Na prática do assistente social, segundo Barroco e Terra (2012), esse princípio busca assegurar o acesso às políticas públicas sem perder o foco maior, que é a transformação na distribuição dos bens e a garantia de acesso a eles conforme a necessidade de cada um.

É nos espaços sócio-ocupacionais do Serviço Social, seja na área pública, seja na área privada, no terceiro setor, nos movimentos sociais, na assessoria e na consultoria que a ação do assistente social deve potencializar as discussões diante da oposição a toda expressão de desigualdade e aos valores universais abstratos, contidos no processo de sociabilidade burguesa.

> Significa dizer que seu maior contributo, no campo das reflexões e apreensões, é de trazer para o centro das análises e intervenções do Serviço Social a defesa da classe trabalhadora, demarca a consciência de classe em-si para o conjunto de profissionais, especialmente, por comporem a atuação profissional numa perspectiva de superação da ordem burguesa. Constitui a sintonia do Código de Ética com luta da classe trabalhadora e assume o compromisso com a universalização dos direitos sociais e com espaço democrático – valores constantemente atacados pela sociabilidade burguesa. (Rosa, 2017, p. 3)

Atuar na perspectiva de equidade social significa estar comprometido com uma sociedade justa e com a democratização dos direitos sociais para promover o acesso a políticas sociais emancipatórias.

Já o sexto princípio do Código de Ética orienta o assistente social quanto à **conduta diante do preconceito e da discriminação.** Esta é percebida diariamente na sociedade e nas relações sociais, em que as pessoas em situação de vulnerabilidade social são excluídas e marginalizadas, sofrem preconceito e não têm, segundo Barroco e Terra (2012), garantia de respeito à diversidade.

Podemos perceber na sociedade contemporânea diversas formas de preconceito, com fortes bases conservadoras, que muitas vezes levam à intolerância. Em seus espaços de intervenção profissional, o serviço social depara-se com formas de preconceito e discriminação em relação a mulheres, idosos, negros e movimentos sociais, como LGBTT (Lésbicas, *Gays*, Bissexuais, Travestis e Transexuais), Sem-Terra, entre outros. Como já falamos anteriormente, a sociedade é um espaço de tensões e contradições, onde o profissional se vê exposto e confrontado a decifrar a realidade social e a propor ações que garantam o respeito, a eliminação do preconceito e a promoção dos direitos aos grupos discriminados.

Outro princípio fundamental presente no Código de Ética de 1993 é **garantir o pluralismo**, respeitando as correntes profissionais democráticas e assumindo compromisso com o aprimoramento intelectual. Tal princípio deve ser observado pelo assistente social, além, segundo Barroco e Terra (2012), de nortear sua conduta. Esse princípio é reafirmado, segundo as autoras, por artigos do Código de Ética de 1993, que reforçam a necessidade da liberdade de pensamento, de associação, dos partidos políticos e de sua representatividade, assim como respeito às diferenças de ideias e concepções.

Podemos nos perguntar de que forma garantir a observância desse princípio durante o estágio. Conhecer e refletir a respeito das diversas correntes que embasam a profissão, procurando entender sua aplicabilidade prática, torna-se de primordial importância na busca do conhecimento e do aprimoramento intelectual do assistente social. Não podemos negar, no entanto, as correntes teóricas que fizeram e fazem parte da teorização do serviço social e que dão sentido científico à profissão. Respeitar o pluralismo não significa confundi-lo com o ecletismo[1]: é respeitar e resgatar a relação dialética entre as diversas teorias, preservando a identidade de cada uma delas.

---

1 "**Ecletismo**, equivalente a Sincretismo [...] é uma mescla de pontos de vista, de concepções filosóficas, de conceitos científicos, de valorações políticas, procedidas de **forma arbitrária, sem conciliação interna e sem compatibilidade**" (Munhoz, 1996, citado por Silva, 2008, p. 147, grifo do original).

> Coutinho [1991] considera como fundamental o debate de ideias. É através da troca de ideias, da discussão com o diferente, que podemos afinar "nossas verdades", fazendo com que a teoria caminhe sempre para mais perto do real, pois não existe ciência que o esgote. A ciência é sempre aproximativa diante de uma verdade cada vez mais abrangente. Significa abertura para o diferente, respeito pela posição alheia. Assim, pode-se entender por **Pluralismo**, no processo de construção do conhecimento, uma postura que é capaz de integrar conceitos e teorias **que não são antagônicos ou contraditórios**. O sentido desse **Pluralismo** está na interlocução entre **o uno e o múltiplo**, entre **as multiplicidades e as especificidades, o homogêneo e o heterogêneo, o real e o sentimental** etc. (Silva, 2008, p. 147, grifo do original)

A observância do aprendizado contínuo e a busca de garantia de direitos nos remete ao princípio do Código de Ética (1993), que faz a opção por um **projeto profissional vinculado à construção de uma nova ordem social sem dominação.** Nesse sentido, o projeto profissional do assistente social deve estar atrelado à justiça social, à igualdade e ao respeito à diversidade.

Vincular a ação profissional a uma nova ordem societária implica o comprometimento político do assistente social de modo a articular com clareza as dimensões da profissão e a compreender a sociedade como espaço dinâmico, onde deve propor a superação da luta de classes para compor um espaço de interlocução entre as relações sociais que garantam direitos sociais a todos os cidadãos.

O serviço social constitui-se em profissão que busca a transformação da realidade por meio da organização democrática e participativa. O Código de Ética (CFESS, 1993), por sua vez, traz a necessidade da **articulação** daquele tanto **com outras categorias que partilhem dos princípios elencados no código** quanto com o movimento dos trabalhadores e sua luta, imprimindo aí o entendimento da necessidade de luta coletiva para o alcance dos objetivos. Não podemos esquecer que a trajetória profissional do assistente social está vinculada à luta de classes e por direitos sociais, os quais foram construídos em articulação com outras categorias, como saúde, educação, sindicatos e movimentos sociais. Por ser uma profissão com base na divisão sociotécnica do trabalho, o serviço social imprime na sua identidade o trabalho coletivo e articulado com os demais segmentos da sociedade civil.

A palavra que se expressa no serviço social é, portanto, *compromisso*. **Compromisso** com a classe trabalhadora, com a transformação da situação de desigualdade e de exploração e **com a qualidade dos serviços prestados** à população. O trabalho exercido pelo assistente social deve, desse modo, primar pela qualidade do atendimento e dos recursos, em uma prática comprometida com a população, que tem o direito de ser acompanhada por um profissional que, além de comprometido, é competente e está em constante aprimoramento.

> O serviço social constitui-se em profissão que busca a transformação da realidade por meio da organização democrática e participativa.

O assistente social, que é constituído de saberes, fazeres e se propõe a mediar uma leitura crítica da realidade social, tem como um dos seus princípios norteadores a qualidade e a democratização dos serviços prestados aos seus usuários. Esse compromisso deve ser percebido no estágio supervisionado em Serviço Social, em que o aluno pode contextualizar e identificar o fazer do assistente social em consonância com o Código de Ética Profissional, com a lei que regulamenta a profissão e com os demais elementos que materializem o Projeto Ético-Político da profissão.

A fim de possibilitar a observância dos princípios até agora citados, faz-se necessário garantir o exercício profissional de forma igualitária tanto para o assistente social quanto para os usuários dos serviços. O princípio de número onze do Código de Ética (CFESS, 1993, p. 131) alerta quanto à necessidade de realizar o **exercício da profissão "sem ser discriminado/a, nem discriminar**, por questões de inserção de classe social, gênero, etnia, religião, nacionalidade, orientação sexual, identidade de gênero, idade e condição física." Esse princípio nos remete à igualdade, ao respeito, ao direito à diversidade.

Com base nos princípios do Código de Ética, apresentam-se artigos que versam a respeito de competências, direitos e responsabilidades, deveres e relações profissionais. O código orienta quanto às diretrizes da atuação do assistente social e por isso sua relação com a prática é inseparável.

A seguir, explicaremos melhor o código e sua importância para a realização do exercício profissional, bem como sua relação com o processo de formação, ou seja, o estágio supervisionado em Serviço Social. Como você pôde perceber até o momento, a profissão do assistente social está pautada em vários documentos, resoluções, diretrizes, teorias e leis que direcionam a prática propositiva, investigativa e interventiva da profissão.

É preciso compreender que os espaços sócio-ocupacionais da profissão são ambientes de tensões e contradições, por isso é de suma relevância ao profissional dominar seus instrumentais e os elementos que organizam e dão sustentação a sua base de intervenção.

Os artigos do Código de Ética elencam uma série de atribuições, direitos e deveres tanto para com os usuários quanto direcionados a instituições empregadoras, a outros profissionais, a entidades da categoria e demais organizações da sociedade civil. Eles ainda tratam do sigilo profissional, das relações do assistente social com a justiça e das penalidades profissionais com relação ao descumprimento do Código de Ética no exercício profissional.

Durante o estágio supervisionado, o aluno de Serviço Social, experiencia vários momentos da vida profissional do assistente social e busca as aproximações entre o fazer profissional e os artigos contidos no Código de Ética, por exemplo, com relação aos direitos do assistente social:

> Art. 2º [...]
>
> b) livre exercício das atividades inerentes à Profissão;
>
> c) participação na elaboração e gerenciamento das políticas sociais, e na formulação e implementação dos programas sociais;
>
> d) inviolabilidade do local de trabalho e respectivos arquivos e documentação, garantindo o sigilo profissional;
>
> g) pronunciamento em matéria de sua especialidade, sobretudo quando se tratar de assuntos de interesse da população; [...].
> (CFESS, 1993, p. 26)

Durante a realização do estágio obrigatório em Serviço Social, é comum os alunos se questionarem: "Por que não estou conseguindo evidenciar no meu estágio os direitos e os deveres do assistente social? "Como fazer as aproximações teórico-práticas se não compreendo a atuação profissional propositiva e que atue em defesa dos direitos?". Como já falamos no início deste capítulo, o profissional atua em espaços de contradição e mediação, o que implica relações de forças que irão exigir dele uma leitura de realidade pautada na análise conjuntural e estrutural para que possa articular as estratégias de intervenção que garantam o exercício profissional em sua plenitude, tanto teórica quanto prática, e articulada com o Código de Ética e com a lei que regulamenta a profissão.

É mister, nesse contexto, falar da importância da organização do plano de trabalho do profissional. É no plano de trabalho que o assistente social deve expor com clareza suas atribuições, seu papel, suas atividades, seus programas, seus projetos, sua pesquisa e demais elementos que contribuam para clarificar e dar identidade ao fazer profissional. Somente dessa forma a categoria profissional afirmará a identidade da profissão com intencionalidade e cientificidade, promovendo elementos do Código de Ética em sua dinâmica do cotidiano, como contidas no art. 2º:

> h) ampla autonomia no exercício da profissão, não sendo obrigado a prestar serviços profissionais incompatíveis com as suas atribuições, cargos ou funções;
>
> i) liberdade na realização de seus estudos e pesquisas, resguardados os direitos de participação de indivíduos ou grupos envolvidos em seus trabalhos. (CFESS, 1993, p. 26-27)

Ao manusearmos o Código de Ética, vemos, no art. 4º, que é vedado ao assistente social:

> d) compactuar com o exercício ilegal da Profissão, inclusive nos casos de estagiários que exerçam atribuições específicas, em substituição aos/às profissionais;
>
> e) permitir ou exercer a supervisão de aluno/a de Serviço Social em Instituições Públicas ou Privadas que não tenham em seu quadro assistente social que realize acompanhamento direto ao/à aluno/a estagiário/a. (CFESS, 1993, p. 28)

Podemos evidenciar que o código se posiciona claramente com relação ao estágio em Serviço Social, sendo de suma relevância ao aluno(a) compreender que ser supervisor de estágio é inerente à profissão, e que a supervisão não deve ser compreendida como uma atividade a mais do profissional, e sim como parte de seu processo de trabalho. Ao inserir-se nos espaços sócio-ocupacionais, o estagiário não é um assistente social ou um aprendiz, ele está construindo sua identidade profissional e estabelecendo as aproximações necessárias para sua formação.

O estagiário não deve absorver a demanda profissional como sua. Resolver as aglutinações das demandas institucionais são atribuições do assistente social, que deve estar engajado em identificar as expressões da questão social, o objeto de intervenção para sua proposta interventiva e seu Trabalho de Conclusão de Curso, com a supervisão direta e sistematizada tanto do supervisor de campo quanto do supervisor acadêmico, conforme preconizado no Código de Ética profissional.

O título IV, "Da observância, penalidades, aplicação e cumprimento deste Código", nos alerta quanto aos deveres do assistente social, explicitados no art. 21:

> a) cumprir e fazer cumprir este código;
>
> b) denunciar ao Conselho Regional de Serviço Social, através de comunicação fundamentada qualquer forma de exercício irregular da Profissão, infrações a princípios e diretrizes deste Código e da legislação profissional;
>
> c) informar, esclarecer e orientar os/as estudantes na docência ou supervisão, quando aos princípios e normas contidas neste Código. (CFESS, 1993, p. 42)

Como pudemos observar, o estágio supervisionado em Serviço Social compõe as diretrizes do Código de Ética da profissão e deve se fazer presente no exercício desta. Não cabe, portanto, a fala de profissionais que não abrem campo de estágio por considerarem essa atividade mais uma atribuição além das que já desempenha na instituição.

Defender e exercitar o código é um compromisso da categoria com a profissão e com o processo de formação, que articula os saberes teórico e prático da profissão em seus diversos espaços formativos.

Para Buriolla (1994, p. 41), ser supervisor implica uma intencionalidade em preocupar-se com a formação.

> A supervisão em Serviço Social pressupõe, necessariamente, uma concepção de educação e uma concepção de profissão, porque, como é específico do Serviço Social, eu não posso supervisionar se eu não tenho claro qual a proposta, que concepção de profissão eu tenho para debater com esse aluno, para passar para esse aluno. [...] eu tenho que ter claro como ensinar e o que ensinar – a forma e o conteúdo. [...]. Então no caso do Serviço Social, o conteúdo é a profissão hoje no seu debate; ela não está fechada e acho também que em nenhum momento a gente pode passar uma profissão fechada. (Buriolla, 1994, p. 41)

O Código de Ética profissional nos traz elementos para a afirmação e a discussão da categoria profissional em diversos espaços, e é de suma importância no dia a dia do assistente social estar pautado em seus princípios e suas determinações. Conhecer e pôr em prática o código é um desafio na atualidade, visto os rumos temerosos dos espaços de atuação profissional, seja na política da assistência, seja na previdência, saúde e demais instituições que atuam na defesa dos direitos sociais, políticos e civis da classe trabalhadora.

Síntese

Iniciamos este capítulo abordando o estágio como um espaço de aprendizagem e um momento de aproximações teórico-práticas, de leitura crítica da realidade social, de conhecer os elementos legais necessários para a organização do estágio em Serviço Social, como as diretrizes curriculares da ABEPSS de 1996, Indicamos como um dos princípios fundamentais a indissociabilidade entre estágio e supervisão acadêmica e de campo, devendo ocorrer ao longo da estrutura curricular como disciplina.

Avançamos para a compreensão do estágio inserido nos espaços sócio-ocupacionais do assistente social, local de desafios, enfrentamentos, mediações e contradições, onde o profissional decifra a realidade social e propõe intervenções em consonância com o projeto profissional e os projetos societários, tendo a responsabilidade de refletir e atuar na defesa dos direitos da população e primar pela qualidade do estágio supervisionado e da supervisão de estágio.

Finalizamos este capítulo falando sobre a relação do estágio com a prática interventiva do assistente social e o Código de Ética, relacionando os princípios contidos nesse código com a formação e a atuação profissional vivenciada pelos alunos nos campos de estágio.

Questões para revisão

1. O estágio supervisionado em Serviço Social é o momento do curso em que o aluno se aproxima de forma sistemática e estruturada da realidade social e acompanha a intervenção do assistente social em diversos espaços sócio-ocupacionais. Para compreender esse processo, faz-se necessário conhecer a legislação que trata do estágio como espaço de aprendizado. A respeito da legislação, podemos afirmar:
   a) A Lei n. 11.788/2008, que regulamenta o estágio para estudantes no Brasil, trata especificamente do estágio supervisionado em Serviço Social.
   b) A Lei n. 11.788/2008 procura proteger a instituição concedente de estágio, principalmente buscando facilitar a entrada de mão de obra qualificada e barata.
   c) O estágio supervisionado em Serviço Social utiliza como instrumentos normativos as Leis n. 11.788/2008 e n. 8.662/1993 e como instrumento regulativo a Resolução 533/2008 em conformidade com as Diretrizes Curriculares da ABEPSS de 1996.
   d) O Serviço Social tem como legislação norteadora de estágio somente a Lei n. 11.788/2008, que foi criada para regulamentar o estágio em Serviço Social.

2. O estágio supervisionado tem por objetivo desenvolver habilidades exigidas para a prática profissional e deve estar condizente com o PEPSS. Pautados nessa informação, podemos afirmar:
   a) No estágio supervisionado poucas são as oportunidades de aprendizagem quanto à intervenção profissional do assistente social, posto o cenário de igualdade de oportunidades.
   b) O assistente social, nos diferentes espaços de atuação, deve atuar na defesa da garantia de direitos da população.
   c) Ao refletirmos a respeito da atuação do assistente social, é mister considerarmos a prática da categoria em consonância com o Projeto Ético-Político de forma unânime.
   d) O assistente social comprometido com a instituição de trabalho busca assegurar o alcance dos interesses da instituição empregadora, sem, portanto, utilizar-se de mediação e negociação.

3. Quando falamos da intencionalidade da ação e da intervenção profissional pautadas nos princípios e valores que embasam o assistente social, estamos nos referindo à dimensão:
   a) operativa da profissão.
   b) teórico-metodológica da profissão.
   c) ético-política da profissão.
   d) técnico-operativa da profissão.

4. Discorra sobre as instruções da Lei n. 8.662/1993, que regulamenta a profissão do assistente social, no que se refere à organização do estágio para as instituições de ensino.

5. Ao iniciar o estágio obrigatório, o acadêmico de Serviço Social se aproxima, de forma sistemática, do acompanhamento da intervenção profissional. Qual deve ser o olhar dos alunos para esse momento de formação?

Questões para reflexão

1. Qual a importância da Lei n. 11.788/2008 para os alunos dos cursos de graduação?
2. Qual o papel da supervisão de estágio para que o aluno consiga realizar as aproximações teórico-práticas?
3. Como, durante o estágio, o aluno consegue identificar a ação profissional em conformidade com o Projeto Ético-Político?

Estudo de caso

Com base na legislação de estágio e nas atribuições dos atores envolvidos na supervisão de estágio, analise o caso a seguir, refletindo a respeito das competências dos atores envolvidos no estágio, dos objetivos do estágio e da legislação que o ampara e do Código de Ética do Assistente Social, que orienta o exercício profissional do assistente social.

Local: Centro de Referência de Assistência Social (Cras).

Pessoas Envolvidas: estagiário, supervisor de estágio, coordenador do equipamento e usuários.

Descrição: A estagiária realiza estágio supervisionado no equipamento há 1 ano e apresenta bom relacionamento com a equipe e os usuários dos serviços. Sempre participa das atividades contribuindo com a equipe, mostrando-se interessada e solícita. Diante do elevado número de usuários que acessam o equipamento, a coordenação do CRAS solicitou aos estagiários que auxiliem nas atividades, distribuindo igualmente tarefas de teor técnico para todos, profissionais e estagiários, que realizarão individualmente o acolhimento e atendimento aos usuários conforme demandas do dia. Ao final do dia, a estagiária foi chamada por sua supervisora de campo, que lhe pediu para realizar uma visita domiciliar sem acompanhamento, pois, diante da demanda do dia, esta não poderia acompanhá-la e julgava que aquela estivesse preparada para realizar a visita domiciliar sozinha.

A estagiária então se dirigiu à residência da usuária do equipamento e, ao encontrar uma situação complexa, de violência doméstica, acompanhou a usuária ao hospital para atendimento, prestando as informações necessárias no pronto-socorro do hospital. Ao retornar ao campo de estágio, relatou à supervisora de campo o ocorrido, assinando como responsável o Relatório de Visita Domiciliar.

Para saber mais

ABEPSS – Associação Brasileira de Ensino e Pesquisa em Serviço Social. **Política Nacional de Estágio**. maio 2010. Disponível em: <http://www.cfess.org.br/arquivos/pneabepss_maio2010_corrigida.pdf>. Acesso em: 18 mar. 2019.

BRASIL. Lei n. 11.788, de 25 de setembro de 2008. **Diário Oficial da União**, Poder Legislativo, Brasília, DF, 26 set. 2008. Disponível em: <http://www.planalto.gov.br/ccivil_03/_ato2007-2010/2008/lei/l11788.htm>. Acesso em: 11 jun. 2008.

CFESS – Conselho Federal de Serviço Social. **Código de Ética do/a Assistente Social**. 1993. Disponível em: <http://www.cfess.org.br/arquivos/CEP_CFESS-SITE.pdf>. Acesso em: 28 mar. 2019.

Recomendamos a leitura dos textos supracitados por serem importantes documentos para a compreensão como se configura e se organiza o estágio. No caso específico do curso do Serviço Social, o Plano Nacional de Educação (PNE) e o Código de Ética abordam o assunto de forma pontual.

CAPÍTULO 3

Indissociabilidade entre ensino, pesquisa e extensão

Conteúdos do capítulo:
- Ensino em serviço social.
- Pesquisa em serviço social.
- Extensão em serviço social.

Após o estudo deste capítulo, você será capaz de:
1. compreender a importância da indissociabilidade entre o ensino, a pesquisa e a extensão;
2. identificar no curso de Serviço Social a relação, a relevância e o processo indissociável desse tripé na formação do assistente social;
3. reconhecer o ensino, a pesquisa e a extensão como elementos que compõem o estágio supervisionado em Serviço Social.

Este capítulo tem como objetivo abordar a indissociabilidade entre ensino, pesquisa e extensão, compreendendo a universidade como espaço democrático para fortalecer o conhecimento para além dos muros institucionais, aproximando-se da sociedade e de suas relações sociais. Nele, discutimos a importância da consolidação desse tripé para que os estudantes possam perceber as relações antagônicas e de forças, além da relevância do significado da aproximação com a sociedade civil numa relação recíproca de construção do conhecimento.

Faremos a aproximação das Diretrizes Curriculares do Curso de Serviço Social sobre essa temática, descrevendo como princípio norteador para o estágio a relevância na articulação entre pesquisa e extensão.

Quando nos remetemos ao tema *indissociabilidade*, reportamo-nos à relação de alguma coisa que não existe sem outra, que, nesse caso, é o tripé **ensino, pesquisa e extensão**. O leitor deve estar se perguntando: "Como isso ocorre nas universidades?" "De que forma o curso de Serviço Social, inserido na vida acadêmica, concretiza essa ação?".

Primeiramente, precisamos compreender como se organiza esse espaço nas universidades e quais são suas implicações na vida acadêmica dos alunos de diversas áreas, inclusive de Serviço Social. A Constituição Federal de 1988, em seu art. 207, estabelece: "As universidades gozam de autonomia didático-científica, administrativa e de gestão financeira e patrimonial, e obedecerão ao princípio de indissociabilidade entre ensino, pesquisa e extensão" (Brasil, 1988). Essa direcionalidade sobre o papel da universidade propunha uma instituição cujo propósito era fortalecer a sociedade civil para uma democratização do conhecimento.

> O princípio da indissociabilidade entre ensino, pesquisa e extensão reflete um conceito de qualidade do trabalho acadêmico que favorece a aproximação entre universidade e sociedade, a autorreflexão crítica, a emancipação teórica e prática dos estudantes e o significado social do trabalho acadêmico. A concretização deste princípio supõe a realização de projetos coletivos de trabalho que se referenciem na avaliação institucional, no planejamento das ações institucionais e na avaliação que leve em conta o interesse da maioria da sociedade. (Andes, 2003, citado por Mazzilli; Maciel, 2010, p. 4)

Como podemos perceber na fala do autor, a universidade precisa exercer sua função social, estar próxima da realidade da sociedade e discutir, refletir e propor ações que permitam ao aluno compreender as relações sociais. A produção do conhecimento não pode ficar limitada à epistemologia do conhecimento, numa visão endógena; sua interface deve ocorrer com diversos seguimentos da sociedade. Para Gonçalves (2015, p. 1236, grifo do original), "dessa forma, o princípio da Indissociabilidade entre Ensino, Pesquisa e Extensão constitui uma proposição *filosófica, política, pedagógica e metodológica para a formação e o conhecimento desenvolvidos na e pela Universidade*".

A relação do processo de indissociabilidade com o tripé ensino, pesquisa e extensão é uma forma de ampliar a construção do conhecimento com um olhar para a democracia e a igualdade, estendendo-o para além dos muros acadêmicos. Isso não é tarefa fácil, visto os interesses e as diversas formas de entendimento dos seguimentos da educação, entendendo que a universidade é uma instituição tanto pública quanto privada, que está inserida no processo de mercantilização.

No entanto, as diversas áreas de conhecimento que constituem o pilar da formação acadêmica devem ampliar a discussão com seus alunos para que eles possam compreender o conhecimento teórico-prático como agente de mudança e transformação social.

O item das Diretrizes Curriculares da ABEPSS (1996) que trata dos princípios fundamentais da formação profissional sinaliza a indissociabilidade nas dimensões de ensino, pesquisa e extensão. Já a Política Nacional de Estágio de 2010 delibera a normatização do estágio em Serviço Social quando descreve os princípios norteadores para a realização do estágio: "a defesa da liberdade, democracia, cidadania, justiça, direitos humanos, combate ao preconceito se vinculam à construção de uma nova configuração societária que supere a exploração e as formas de opressão" (ABEPSS, 2010). Sinaliza, assim, a relevância da articulação entre universidade e sociedade e entre a unidade teoria-prática e a articulação ensino-pesquisa-extensão, "uma vez que ao se efetivar, nos diversos espaços de intervenção profissional, o estágio possibilita a articulação entre ensino, pesquisa e extensão, numa perspectiva de totalidade" (ABEPSS, 2010, p. 14).

A respeito do papel da universidade, Iamamoto (2013) aponta a responsabilidade pela difusão e pela democratização da produção acadêmica acumulada, a qual se colocada a serviço do coletivo, contribuirá para o crescimento da qualidade de vida da população. A fim de alcançar esse intuito, a universidade deve participar ativamente das questões da vida social em termos nacional e regional, com vistas à construção democrática da sociedade.

O Código de Ética do/a Assistente Social (CFESS, 1993) aborda a necessidade da pesquisa para a compreensão da realidade de trabalho desse profissional. Ao longo da formação do assistente social e, portanto, durante a realização do estágio supervisionado, trabalha-se com as dimensões do ensino, da pesquisa e da extensão, sendo necessária uma melhor compreensão de cada uma delas na formação do assistente social.

3.1 Ensino em serviço social

Antes de falarmos sobre o ensino em serviço social, é necessário ao leitor compreender que a formação inicial do ensino superior deve "fornecer a todos os alunos instrumentos, conceitos e referências resultantes dos avanços das ciências e dos paradigmas do nosso tempo (Delors, 2006, citado por Calderón; Pessanha; Soares, 2007, p. 19). Além disso, "Deve propiciar o comprometimento científico, acadêmico, em conformidade com os "quatro princípios da educação: aprender a conhecer, aprender a fazer, aprender a viver juntos, aprender a ser" (Calderón; Pessanha; Soares, 2007, p.74).

O processo de ensino deve transcender, para Pivetta et al. (2010), mais que o conhecimento acumulado, a preocupação em contextualizar a produção do saber adquirido na busca de transformar a sociedade. A inserção do aluno em campo de estágio promove a formação do profissional com visão real e crítica da realidade social, propiciando oportunidade de trabalho em conjunto com outros profissionais, o que enriquece a apreensão do conhecimento.

Vamos, então, apresentar uma reflexão a respeito do ensino para o serviço social. Primeiramente, é preciso compreender que a formação se dá de forma privilegiada no ambiente da universidade.

> Os diversos saberes articulados e em debate nos espaços acadêmicos do curso de Serviço Social promovem a mudança de atitude, de comportamento, de posicionamento e, na maioria das vezes, rompem com paradigmas perante as mazelas do sistema capitalista.

Segundo Iamamoto (2013), trabalho e formação profissional encontram-se em estreita relação na busca da qualificação do assistente social, instrumentalizando-o no cumprimento do Projeto Ético-Político da profissão e dos compromissos firmados para a viabilização de uma sociedade pautada na liberdade e na justiça social.

Devemos, desse modo, reconhecer a importância da universidade, que, como patrimônio social, se caracteriza para Iamamoto (2013, p. 281) "pela sua necessária dimensão de universalidade na produção e transmissão da experiência cultural e científica da sociedade".

Ela pode então ser definida como essencial para processos políticos e sociais estratégicos, contribuindo para a formação da identidade social, sendo por isso considerada de interesse público, pois impacta não só os estudantes que nela percorrem o processo formativo, mas diretamente a sociedade por meio das ações dos profissionais e da produção de novos conhecimentos.

Os diversos saberes articulados e em debate nos espaços acadêmicos do curso de Serviço Social promovem a mudança de atitude, de comportamento, de posicionamento e, na maioria das vezes, rompem com paradigmas perante as mazelas do sistema capitalista. A grade curricular do curso prima por um ensino preocupado com a formação pautada na teoria social crítica, que "possibilite a apreensão da totalidade social em suas dimensões de universalidade, particularidade e singularidade" (ABEPSS, 1996). A concepção de ensino expressa a preocupação com a dinâmica da vida em sociedade, em potencializar nos alunos a atitude propositall e investigativa da profissão em consonância com o Projeto Ético-Político profissional.

Nesse sentido, a universidade é uma instituição social de interesse público, independentemente do regime jurídico a que se encontra submetida e da propriedade do patrimônio material a que se vincula.

> Sua dimensão pública se efetiva, simultaneamente, pela capacidade de representação social, cultural, artística e científica. A condição básica para o desenvolvimento desta representatividade é sua capacidade de assegurar uma produção de conhecimento inovador e crítico, que respeite a diversidade e o pluralismo, contribuindo para a transformação da sociedade. (Cadernos Andes, 2013, p. 17)

A relação entre ensino teórico e prático encontra nas décadas de 1980 e 1990, segundo Iamamoto (2014), propostas importantes de mudança curricular pautadas nas necessidades e nos desafios contemporâneos que se apresentavam à profissão, sendo as diretrizes do projeto profissional desdobradas no Código de Ética do/a Assistente Social (CFESS, 1993), na Lei de Regulamentação da Profissão – Lei n. 8.662, de 7 de junho de 1993 (Brasil, 1993) – e nas Diretrizes Gerais para o Curso de Serviço Social (ABEPSS, 1996).

A discussão quanto à dissonância entre o ensino e a prática traz questionamentos quanto à aplicabilidade do ensino teórico à prática vivenciada em campo de estágio. A fim de melhor compreender essa importante relação de consonância entre a prática diária e a teoria que a embasa, você precisa conhecer o posicionamento do Código de Ética do Assistente Social, da Lei de Regulamentação da Profissão e das Diretrizes Gerais, que, amalgamadas, direcionam o ensino do serviço social.

As Diretrizes Gerais para o Curso de Serviço Social (ABEPSS, 1996) orientam a respeito do desenvolvimento do estágio supervisionado ao longo da estrutura curricular. Diante disso, você deve estar se perguntando: "E o que significa essa estrutura curricular?" Como devo realizar o estágio supervisionado em Serviço Social?".

É importante compreender que o estágio supervisionado em Serviço Social deve ser realizado durante o período que o aluno está cursando as disciplinas na unidade de ensino, lembrando que a modalidade de estágio obrigatório se inicia no terceiro ano do curso. Isso favorece as aproximações teórico-práticas que devem ocorrer nos espaços sócio-ocupacionais, onde se realizam as atividades do estágio, uma vez que a grade curricular contempla os núcleos de fundamentação constitutivos da formação profissional que são discutidos durante todo o processo de ensino, pesquisa e extensão. Os documentos que organizam a estrutura curricular para o estágio em Serviço Social são as Diretrizes Curriculares do curso e as Diretrizes para Serviço Social da ABEPSS.

O documento define o estágio como atividade curricular obrigatória, que se concretiza a partir da entrada do aluno em espaço sócio-ocupacional do serviço social, devendo este ser supervisionado sistematicamente por supervisores de campo e acadêmico, na busca da capacitação do aluno para o exercício profissional e o desenvolvimento de habilidades com vistas à competência profissional.

As Diretrizes Curriculares para o Curso de Serviço Social (ABEPSS, 1996) enfatizam que a superação da fragmentação do processo de ensino-aprendizagem constitui-se em objetivo da organização curricular, sustentando a formação profissional pelos conhecimentos organizados nos núcleos de fundamentos teórico-metodológicos da vida social, de formação sócio-histórica da sociedade brasileira e de fundamentos do trabalho profissional, este último englobando o estágio supervisionado.

As Diretrizes (ABEPSS, 1996) orientam quanto à construção de planos de estágio elaborados conjuntamente pelos entes envolvidos no estágio, entendendo este como momento ímpar de aprendizado, englobando a aquisição de competências inerentes às dimensões ético-política, teórico-metodológica e técnico-operativa do serviço social.

No entanto, alguns desafios se apresentam para o ensino do serviço social, os quais estão relacionados, segundo Iamamoto (2014), ao distanciamento entre o trabalho intelectual, de cunho teórico-metodológico, o exercício da prática profissional cotidiana e a necessidade de estratégias técnico-operativas para o exercício da profissão. A autora também alerta quanto à necessidade de competência profissional crítica, consolidada por meio de um ensino comprometido, que deve proporcionar a dinâmica crítica do aluno nos espaços de estágio, promovendo a correlação entre teoria e prática, e não sua dicotomia.

O Código de Ética do/a Assistente Social (CFESS, 1993) demonstra sua preocupação com o ensino em serviço social e com o estágio na formação profissional ao definir a obrigatoriedade das instituições de ensino de emitir diploma como exigência para o exercício profissional, bem como o credenciamento dos campos de estágio nos Conselhos Regionais, contendo a relação dos assistentes sociais designados para o acompanhamento dos alunos em supervisão tanto acadêmica quanto de campo.

Pensemos na importância da exigência de formação para o exercício profissional com qualidade, compromisso e responsabilidade no que tange ao projeto profissional do serviço social. Pensemos também na importância dos órgãos de classe CFESS (Conselho Federal de Serviço Social) e CRESS (Conselho Regional de Serviço Social) na proposição legal, no acompanhamento e na fiscalização do ensino e da prática profissional, buscando garantir uma prática de estágio supervisionado condizente com a legislação e as prerrogativas da ABEPSS. A proposta de ensino com qualidade não pode estar dissociada da pesquisa e da extensão, "possibilitando a efetiva integração do Serviço Social à dinâmica da vida universitária" (Iamamoto, 2013, p. 169).

Precisamos pensar que, ao nos referirmos ao processo de ensino e aprendizagem de qualidade, propomos considerar a horizontalidade das ações dos sujeitos envolvidos e refletir a respeito dos desafios que se impõem às instituições de ensino na atualidade. Vivemos, segundo Lewgoy (2010), uma realidade de mercantilização do ensino, em que este é visto como pertencente apenas à lógica do lucro, expondo ao perigo a formação profissional que realmente faça a diferença, que forme profissionais com compromisso, conhecimento e responsabilidade diante das expressões da questão social impressas nos diversos espaços sócio-ocupacionais. Nesse sentido, Lewgoy (2010) reforça a exigência, para o acadêmico e o profissional do entendimento, dos princípios e valores que envolvem o saber-fazer. Este, por sua vez, deve estar comprometido com a classe trabalhadora, com a formação acadêmica pautada no Projeto Ético-Político do Serviço Social (PEPSS) e em suas relações com os projetos societários que se alteram e se configuram, visto serem históricos e se constituírem com forte argumentação política e social. O papel do ensino nas universidades, especificamente no curso de Serviço Social, é formar profissionais comprometidos com seus usuários, com a profissão e com os direitos sociais. Nesse sentido, diversos são os desafios impostos à profissão, bem como aos estagiários de Serviço Social, que vislumbram nos campos de estágio a práxis e a interlocução entre os diversos saberes e entre as diversas áreas do conhecimento. A interdisciplinaridade é então, segundo Gomes (2016, p. 2), requisitada como "meio de agregar saberes", buscando romper com a fragmentação – e a vivência interdisciplinar em campo de estágio contribui para a sistematização do conhecimento e do aprendizado do aluno.

3.2 Pesquisa em serviço social

Como já abordamos a indissociabilidade entre ensino, pesquisa e extensão e já evidenciamos que uma está relacionada a outra, nesse momento vamos relacionar o papel social da universidade, que tem como base o conhecimento, o ensino e seu compromisso com a democratização e a socialização, numa perspectiva de colaborar para um projeto societário justo e igualitário por meio da pesquisa.

A pesquisa se faz em espaços vivos e dinâmicos, de contradição de interesses e de muita transformação. Ela se organiza como forma de vivenciar, concretizar e dar sentido ao conhecimento, constituindo-se elemento fértil e promissor nas instituições de ensino. Trata-se de uma das formas de produzir conhecimento e propor ações, intervenções e/ou análises intelectuais no sentido de descobrir novos conhecimentos e explorar novas realidades.

> A pesquisa universitária é a que melhor estabelece integrações entre o desempenho científico e técnico dos educandos, além das sutilezas em sua vida profissional. A produção acadêmica é o seu produto supremo e está vinculado aos conhecimentos tácito e explícito. O conhecimento tácito, por sua vez, refere-se ao que pode ser entendido como o conhecimento ou habilidade que pode ser passado entre cientistas por contatos pessoais, mas não pode ser exposto ou passado em fórmulas, diagramas, descrições verbais ou instruções para ação. (Collins, 2001, citado por César, 2013, p. 22)

No Serviço Social, a articulação entre a pesquisa e a intervenção profissional, realizada durante o estágio em Serviço Social, é considerada pelo CFESS, por meio da Resolução n. 533, de 29 de setembro do 2008 (CFESS, 2008, p. 2), como momento ímpar no processo ensino aprendizagem,

> pois se configura como elemento síntese na relação teoria-prática, na articulação entre pesquisa e intervenção profissional e que se consubstancia como exercício teórico-prático, mediante a inserção do aluno nos diferentes espaços ocupacionais [...], com vistas à formação profissional, conhecimento da realidade institucional, problematização teórico-metodológica.

Durante o estágio supervisionado em Serviço Social, o aluno é fomentado a todo momento a decifrar a realidade social dos territórios, das instituições e dos espaços de intervenção da profissão. Quando realiza seu projeto de intervenção, ele se propõe a fazer uma pesquisa direcionada à expressão da questão social identificada durante a realização do seu estágio:

> de fato, a pesquisa das situações concretas é o caminho para a identificação das mediações históricas e necessárias à superação da defasagem genética sobre a realidade e os fenômenos singulares com os quais se defronta o profissional no mercado de trabalho. Aliás, a principal via para superar a reconhecida dicotomia entre a teoria e prática, requalificando a ação profissional e preservando a sua legitimidade. (ABEPSS, 1996, p. 152)

É por meio da pesquisa que se realizam os movimentos de conhecer e de se atualizar, oportunizando a criação de novos conhecimentos e teorias, imprescindível ao profissional que atua na dinâmica social, suscetível a constantes transformações.

É importante, portanto, que você compreenda o papel da pesquisa na formação do assistente social, lembrando que ela não se faz distanciada do ensino e da extensão. É durante o período de formação que o curso deve articular o tripé em questão para que consiga sistematizar as atividades de estágio pautadas na emancipação social e no decifrar da realidade imposta na sociedade capitalista.

O estágio supervisionado é considerado pela ABEPSS (2010, p. 11) um "elemento síntese da relação teoria-prática, da articulação entre pesquisa e intervenção profissional".

Por meio da Política Nacional de Estágio (PNE),

> o estágio supervisionado norteia-se por princípios que dizem respeito a [sic] indissociabilidade entre as dimensões teórico-metodológicas, ético-políticas e técnico-operativas; articulação entre formação e exercício profissional; indissociabilidade entre estágio, supervisão acadêmica e de campo; articulação entre universidade e sociedade; unidade entre teoria e prática; articulação entre ensino, pesquisa e extensão. (ABEPSS, 2010, p. 12-14)

No primeiro capítulo, abordamos com detalhes as dimensões do serviço social e sua relevância para o trabalho do assistente social. Mas como ele se materializa durante o processo de estágio? Como você, na condição de acadêmico, vai conseguir relacionar as dimensões que por vezes lhe parecem tão teóricas às questões do dia a dia vivenciadas nos espaços de atuação profissional? E o que tudo isso tem a ver com a pesquisa em serviço social?

A seguir, vamos comentar cada uma dessas questões tão inquietantes e intrigantes durante o processo de formação do assistente social.

Quando falamos das dimensões teórico-metodológicas, nos reportamos ao arcabouço teórico, ao método hegemônico que fundamenta a identidade da profissão, ou seja, a teoria social crítica. Com relação à dimensão ético-política, reportamo-nos ao posicionamento profissional pautado nos elementos que dão intencionalidade à ação da profissão e devem estar voltados ao compromisso assumido com a classe trabalhadora, com a qualidade dos serviços prestados na garantia dos direitos sociais e em consonância com o Projeto Ético-Político da profissão. Por último, mas não menos importante, temos a dimensão técnico-operativa, que está voltada para o fazer profissional pautado na indissociabilidade das demais dimensões. Muitos alunos tomam essa dimensão como o aparato de instrumentais utilizados pelo profissional em seu espaço sócio-ocupacional (entrevista, relatórios, estudo social, pareceres, utilização de questionários, formulários, entre outros), que são importantes, mas não são um fim em si mesmos.

Quando o assunto é pesquisa em serviço social, todos esses elementos são necessários para pautar a ação profissional. Não conseguimos compreender nem intervir na realidade social de forma propositiva e investigativa sem termos clareza da intenção da profissão, a qual se inicia na universidade e se estende durante toda a vida profissional do assistente social. Dessa forma, é mister frisar que a pesquisa em serviço social é um elemento necessário para dar sentido à profissão, uma vez que não adianta competência sem comprometimento. Um profissional muito teórico ou somente prático não estabelece as relações necessárias para intervir e ser o agente potencializador de transformações nas relações sociais de seu espaço de intervenção. Por isso, a pesquisa é e sempre será um processo de conhecer, analisar e intervir na realidade social.

Durante a realização do estágio supervisionado, o estagiário tem contato direto com a realidade do campo onde estagia, na qual se pautam as diferentes expressões da questão social que

> Um profissional muito teórico ou somente prático não estabelece as relações necessárias para intervir e ser o agente potencializador de transformações nas relações sociais de seu espaço de intervenção. Por isso, a pesquisa é e sempre será um processo de conhecer, analisar e intervir na realidade social.

necessitam ser compreendidas a fim de que se realizem propostas interventivas.

A pesquisa insere-se nos diferentes espaços sócio-ocupacionais como oportunidade de conhecimento e compreensão dos fenômenos apresentados, propiciando uma estreita relação entre ensino e realidade, solidificando, para Iamamoto (2013), a relação entre as dimensões teórico-metodológica e técnico-operativa da profissão, que, por sua vez, são indissociáveis da dimensão ético-política.

A contemporaneidade apresenta ao Serviço Social novos desafios, que necessitam ser decodificados e conhecidos a fim de que possam ser estruturadas propostas interventivas. A pesquisa, então, se configura como importante instrumento para o conhecimento da realidade e para a construção teórica atualizada.

Para você melhor compreender o papel da pesquisa para o serviço social, podemos afirmar que a pesquisa leva ao conhecimento e à compreensão dos fenômenos que se apresentam nos espaços de trabalho do assistente social, subsidiando propostas de intervenção que serão apresentadas pelo profissional do campo, com vistas à transformação da realidade em consonância com o projeto profissional do serviço social. Nessa relação de reciprocidade que se estabelece entre a realidade social vivenciada nos espaços de atuação profissional e as discussões travadas no campo teórico, em que uma se alimenta da outra, num processo dialético e transformador, não podemos compreender o serviço social sem a pesquisa e a extensão, que estabelecem o campo de mediação e de construção da identidade da profissão.

A respeito das mudanças dos processos históricos, Iamamoto (2013) lembra que a dinamicidade destes requer contínua atualização do conhecimento pelo profissional. Para o acompanhamento dessas transformações e o conhecimento da realidade social dinamicamente transformada, é necessário, portanto, a realização de pesquisas, a fim de subsidiar propostas de intervenção na realidade. A pesquisa alimenta, então, para Iamamoto (2013), a interlocução entre teoria e prática, oportunizando propostas de trabalho e de política social e buscando garantir direitos tanto individuais quanto coletivos.

Diante desses dados, cabe aqui uma questão: O estagiário pode realizar pesquisa durante o estágio? Ora, é durante o estágio supervisionado que o aluno tem contato com os dados da realidade do campo, organiza e realiza a análise desses dados, buscando compreender as necessidades dos usuários dos serviços e também do setor de serviço social, devendo utilizar o conhecimento de sua pesquisa para realizar uma proposta interventiva. Devemos compreender que os documentos e instrumentos utilizados pelo estagiário – como plano de estágio, projeto de intervenção e diário de campo – se constituem em oportunidades para a realização de pesquisa e de proposta interventiva.

A realização de pesquisa pelo assistente social é uma habilidade exigida para a profissão. Segundo Guerra (2009, p. 702):

> a pesquisa assume, assim, um papel decisivo na conquista de um estatuto acadêmico que possibilita aliar formação com capacitação, condições indispensáveis tanto a uma intervenção profissional qualificada quanto à ampliação do patrimônio intelectual e bibliográfico da profissão, que vem sendo produzido especialmente, mas não exclusivamente, no âmbito da pós-graduação *stricto senso*.

Diante disso, você pode nos perguntar: O assistente social necessita, sistematicamente, realizar pesquisa? Segundo Netto (2009), nem todo assistente social se dedicará à pesquisa, muitas vezes devido a questões relacionadas a seu campo de trabalho, que não permite um estudo mais aprofundado. Porém, segundo o autor, o assistente social deve ter e desenvolver uma atitude investigativa, buscando "conhecer concretamente a realidade da sua área particular de trabalho" (Netto, 2009, p. 693).

Cabe refletirmos, entretanto, na necessidade da pesquisa para o profissional que se concentra mais no ambiente universitário, porém devendo ser compartilhada e também buscada pelo assistente social a fim de subsidiar sua prática.

A pesquisa assume então um importante papel tanto no universo acadêmico quanto no universo da prática profissional, possibilitando, conforme Guerra (2009), unir formação e capacitação, ampliando o conhecimento técnico-científico da profissão e atualizando e subsidiando a prática profissional. Devemos pontuar aqui a importância do saber científico para a profissão.

Ao produzir conhecimento, o assistente social realiza o movimento propositivo e transformador da realidade social estudada, que necessita ser contextualizada considerando as consequências da desigualdade e da exploração impressas na sociedade capitalista de produção, buscando conhecer e aprofundar "suas condições de vida e formas de enfrentamento" (Guerra, 2009, p. 704).

Já dissemos que a pesquisa e a atitude investigativa são habilidades necessárias ao assistente social, constituindo essa *expertise* um desafio ao profissional, segundo Alcoforado (2009), e demandando qualificação específica para a ação, ou seja, o entendimento quanto à importância da pesquisa e aos objetivos para sua proposição. Isso porque a pesquisa supera o senso comum, contribuindo para a formação de um conhecimento que, segundo Alcoforado (2009), ainda não foi disponibilizado para a compreensão da realidade. Esta, por sua vez, pressupõe um planejamento que requer a tomada de decisões quanto ao problema, às informações e aos procedimentos.

Realizar uma pesquisa também requer a construção do seu projeto, onde devem ser registrados, segundo Alcoforado (2009, p. 722), "os fundamentos, as diretrizes da pesquisa e as decisões tomadas". No estágio supervisionado, a formação de uma atitude investigativa e para o desenvolvimento de pesquisa é estimulada no aluno por meio de orientações relacionadas à necessidade de registro da prática de estágio, – a transformação de dados em informações e ao aprofundamento da realidade.

3.3 Extensão e serviço social

De modo a garantir a autonomia didático-científica, administrativa e de gestão financeira e patrimonial, as universidades, segundo o art. 207 da Constituição Federal de 1988, deverão obedecer ao princípio de indissociabilidade entre ensino, pesquisa e extensão.

Já comentamos esse princípio anteriormente, mas, para melhor compreendê-lo, é preciso entender o conceito de **extensão** na universidade. Segundo Calderón, Pessanha e Soares (2007, p. 25), ela constitui-se em "processo educativo, cultural e científico, que articula o ensino e a pesquisa de forma indissociável e viabiliza a relação transformadora entre universidade e sociedade". Os projetos de extensão têm caráter de contribuição e participação da universidade nas necessidades da sociedade/comunidade.

> Assim, no início da década de 2000 a Extensão Universitária já havia adquirido significado densidade institucional, no que se refere à Constituição de 1988, à legislação federal e regulamentações do FORPROEX[1]. [...] A Extensão Universitária tornou-se o instrumento por excelência de inter-relação da Universidade com a sociedade, de oxigenação da própria Universidade, de democratização do conhecimento acadêmico, assim como de (re)produção desse conhecimento por meio da troca de saberes com as comunidades. Uma via de mão dupla ou, como se definiu nos anos seguintes, uma forma de "interação dialógica" que traz múltiplas possibilidades de transformação da sociedade e da própria Universidade Pública. (Forproex, 2012, p. 17)

Segundo Fernandes, Silva e Joanini (1998), a extensão é um ação muito próxima e peculiar à profissão e ao curso de Serviço Social, pela especificidade do acompanhamento social e pelo viés educativo da profissão. Isso permite a aproximação e a interação entre os entes universidade, professor, aluno e sociedade, imprimindo uma visão mais abrangente ao possibilitar o entendimento e o aproveitamento desses diferentes olhares em uma intervenção ou em um trabalho interdisciplinar, garantindo o cumprimento da responsabilidade social da academia no que se refere às questões que se apresentam na sociedade.

A extensão engloba, portanto, o conhecimento, a produção de conhecimento, a aplicação/revisão do conhecimento, relacionando e contextualizando a teoria de acordo com a realidade

---

1 Fórum Nacional de Pró-Reitores de Extensão das Universidades Públicas Brasileiras.

presente, sempre considerando as questões ético-políticas e teórico-metodológicas. O desafio, para Iamamoto (2013), é relacionar e mediar o individual com o coletivo, buscando transpor o individual para o social. A extensão oportuniza a articulação entre o ensino e a pesquisa na sociedade por meio do atendimento das demandas sociais, permitindo, conforme Iamamoto (2013, p. 278), "a expansão da universidade para além de suas fronteiras internas".

A indissociabilidade entre ensino-pesquisa-extensão constitui, segundo Moita e Andrade (2009), um princípio que orienta e busca garantir a qualidade do conhecimento produzido no ambiente universitário de forma autônoma, competente e ética.

Ainda segundo Iamamoto (2013), a extensão é um momento de aproximação entre universidade e sociedade que se concretiza por meio de projetos a serem materializados em algumas situações sob a coordenação de professores do curso de Serviço Social. Os projetos de extensão têm caráter de contribuição e participação da universidade nas necessidades da sociedade/ comunidade, bem como de interdisciplinaridade. "A Extensão Universitária, sob o princípio constitucional da indissociabilidade entre ensino, pesquisa e extensão, é um processo interdisciplinar, educativo, cultural, científico e político que promove a interação transformadora entre Universidade e outros setores da sociedade" (Forproex, 2012, p. 28). A extensão pode ocorrer de várias formas, mas precisa necessariamente estar articulada com os diversos saberes numa perspectiva interdisciplinar e em consonância com os projetos de sociedade.

Durante o curso de Serviço Social, o aluno terá a oportunidade de vivenciar essas formas de organização da extensão em seu processo de formação, momento significativo de sua vida acadêmica que, com certeza, irá ampliar seu conhecimento e propiciar momentos de profícua interação com a sociedade. No entanto, faz-se necessário alertar que em algumas instituições de ensino, principalmente nas privadas, a intencionalidade e a seriedade para o desenvolvimento de ações de extensão ocorrem de forma frágil, o que pode implicar em questões legais para os cursos, sendo necessário conhecer e se aprofundar em suas particularidades. Isso porque o estágio configura-se principalmente em seus objetivos e sua organização, necessitando de tempo, de acompanhamento e de uma crítica reflexiva sobre os processos de trabalho do assistente social, não se desvinculando do processo constante de acompanhamento.

Na extensão, a universidade responde às necessidades da comunidade. Uma formação compromissada com a questão social contemporânea e a pesquisa entendida como elemento que possibilite a produção do conhecimento científico e viabilize a intervenção constituem-se, segundo Moita e Andrade (2009), em pilares que fortalecem a dimensão de formação e dão sentido ao papel que a universidade exerce. Segundo Iamamoto (2013), essas necessidades são atendidas por meio de projetos, atividades de ensino e de pesquisa que se realizam também no ambiente do estágio supervisionado.

Quanto aos princípios formativos do estágio supervisionado, a ABEPSS (2010) destaca a articulação entre a sociedade e a universidade. E de que forma ocorre essa articulação? Pela aproximação da universidade com a realidade dos campos de estágio, que diz respeito às necessidades da comunidade onde ele vai acontecer.

Na extensão, a universidade busca cumprir seu papel social, rompendo com os muros limitadores da academia e oportunizando o cumprimento de sua maior missão: ensinar-aprender e contribuir para a transformação social.

Como afirma Lewgoy (2010), a extensão deve estar articulada com o ensino e a pesquisa, o que engloba conhecimento, produção e aplicação do conhecimento, relacionando e contextualizando a teoria na realidade que se apresenta, sempre considerando as questões ético-políticas e teórico-metodológicas.

No entanto, praticar a indissociabilidade entre ensino, pesquisa e extensão não é, para Moita e Andrade (2009), uma prática corriqueira. Os autores pontuam que, na graduação, ocorre, por parte dos docentes, um grande investimento no que se refere ao ensino, sendo dada, em contrapartida, maior ênfase na pesquisa durante a pós-graduação. Para além do foco dado pela graduação e pela pós-graduação, o caráter elitista da universidade contribui para a pouca aplicação prática de seu conhecimento na sociedade, carente de intervenções que auxiliem no combate efetivo das diferenças e da falta de acesso aos direitos da população; trata-se de um saber "desligado das necessidades populares cotidianas" (Moita; Andrade, 2009, p. 3).

A reflexão deve, então, se voltar para além das dificuldades encontradas na prática da indissociabilidade entre ensino, pesquisa e extensão, considerando sua importância para a universidade e para a sociedade.

O estágio supervisionado em Serviço Social na extensão universitária pauta-se em elementos legais que normatizam e norteiam a vida acadêmica, como os dispostos nas diretrizes curriculares dos cursos vigentes, a lei que regulamenta a profissão, a Lei n. 8.662/1993, o Código de Ética Profissional de 1993 (CFESS, 1993), a Lei n. 11.788/2008, que dispõe sobre o estágio, a Resolução CFESS n. 533/2008 e a PNE da ABEPSS (2010). De acordo com Figueiredo (2012, p. 6-7), "é através da inserção nos espaços sócio-ocupacionais da profissão que o estudante se depara com o cotidiano do fazer profissional em determinada instituição e pode promover a articulação entre ensino, pesquisa e extensão como princípios formativos".

Precisamos ressaltar que os projetos de extensão relacionados ao Estágio supervisionado em Serviço Social não podem nem devem ser organizados para suprir uma defasagem dos campos de estágio. Quando organizados, devem ocorrer conforme orientação das regulamentações já citadas, priorizando a interlocução da indissociabilidade do tripé ensino, pesquisa e extensão e promovendo a construção de saberes, de experiências, de uma práxis que se constrói e reconstrói em parceria com a sociedade e seus diversos sujeitos sociais, num processo dialógico e de interação social.

Quando realizado nesses espaços de extensão com projetos e programas bem estruturados, o estágio em Serviço Social tende a fomentar o tripé da indissociabilidade e intervir, pautado na pesquisa, para cumprir sua função social, além de contribuir para que o discente aprimore suas competências e habilidades em conformidade com as dimensões teórico-metodológico, ético-político e técnico-operativa da profissão.

Com relação a essa articulação, no que tange à extensão como campo de estágio, a ABEPSS (2010, p. 40) estabelece as seguintes condições:

> Explicitar os objetivos e funções desempenhadas pelo Serviço Social em conformidade com o artigo 4 e 5 da Lei que regulamenta a profissão;
>
> Indicar que os projetos e planos de intervenção do estágio estejam articulados ao exercício profissional do Serviço Social, considerando a análise e a apropriação crítica do contexto socioinstitucional;
>
> Que o docente envolvido na atividade de extensão assuma o processo de supervisão de campo, quando não houver outro assistente social devidamente registrado no Conselho;
>
> Que não haja acúmulo nas funções de supervisor(a) de campo e de supervisor(a) acadêmico(a). O(a) docente, ao assumir a função de supervisor(a) acadêmico(a) de um grupo de estudantes, não poderá acumular a função do supervisor(a) de campo junto aos mesmos.

Parece óbvio e redundante falar que o estágio em Serviço Social deve promover o conhecimento, a práxis, a articulação entre teoria e prática e, no caso da extensão, cumprir a função social. No entanto, precisamos ter claro qual é o papel dos estágios realizados em espaços de extensão na formação da identidade profissional do aluno. A própria PNE da ABEPSS (2010, p. 38) diz que "as atividades extensionistas servem ainda para dar maior flexibilidade e dinamicidade ao currículo (conforme Diretrizes Curriculares), com a prestação de serviços de excelência e do seu contato direto com a sociedade por meio de seus núcleos temáticos de pesquisa e extensão".

Síntese

Iniciamos este capítulo abordando a indissociabilidade entre ensino, pesquisa e extensão e referenciando o art. 207 da Constituição Federal de 1988. Falamos da função social da universidade, da interdisciplinaridade, da ampliação do olhar para a realidade social e da produção do conhecimento pautado na aproximação com as demandas da sociedade.

Avançamos para contextualizar o ensino, a pesquisa e a extensão para o curso de Serviço Social e para o estágio supervisionado em Serviço Social, o qual deve se pautar no conhecimento em prol do coletivo, aproveitar o arsenal científico e acadêmico para embasar sua atuação profissional comprometida com a melhoria da qualidade de vida da população, entendendo o estágio como momento de ensino e aprendizagem de aproximações teórico-práticas e de desvelamento da realidade social.

Finalizamos falando sobre a pesquisa e a extensão, explicando ser aquela um espaço fértil para a compreensão da realidade do trabalho do assistente social, que se faz num ambiente vivo, contraditório e de constantes transformações, sendo de vital importância para subsidiar propostas interventivas da profissão. Já a extensão se materializa por meio de projetos que subsidiem as demandas da sociedade e tem caráter interdisciplinar. Ambos se complementam, se entrelaçam, se nutrem, permitem a práxis e dialogam com a formação. Vimos que a extensão pode ser um espaço onde se configura o estágio supervisionando em Serviço Social, que deve ser pensado e articulado com o ensino e a pesquisa, bem como com as dimensões do exercício profissional em parceria com a sociedade civil e seus diversos sujeitos sociais.

Questões para revisão

1. A respeito do conceito que reflete o princípio da indissociabilidade entre ensino, pesquisa e extensão, assinale V nas afirmativas verdadeiras e F nas falsas.
    ( ) Qualidade do trabalho acadêmico, que favorece a aproximação entre universidade e sociedade.
    ( ) Autorreflexão crítica e emancipação teórico-prática dos estudantes.
    ( ) Aperfeiçoamento prático em detrimento do teórico para os alunos do curso de Serviço Social.
    ( ) Entendimento do significado social do trabalho acadêmico.

Assinale a alternativa que corresponde à sequência correta.
a) V, V, F, F.
b) V, F, F, V.
c) V, V, F, V.
d) F, F, V, F.

2. A Constituição Federal de 1988, em seu art. 207, estabelece que "As universidades gozam de autonomia didático-científica, administrativa e de gestão financeira e patrimonial, e obedecerão ao princípio de indissociabilidade entre ensino, pesquisa e extensão" (Brasil, 1988). Diante disso, podemos afirmar que a universidade:
    a) exerce um papel de coadjuvante, de perceber e decifrar a realidade sem se envolver com a questão social.
    b) é responsável pela difusão e democratização da produção acadêmica acumulada, que se coloca a serviço do coletivo.
    c) se insere no coletivo apenas para aprimorar o conhecimento acadêmico e ampliar a produção intelectual.
    d) tem caráter disciplinar de aperfeiçoamento específico em cada área do conhecimento

3. Ao falarmos do ensino em serviço social na perspectiva da indissociablidade, reportamo-nos a qual atitude?
    a) Pacífica e harmoniosa, uma vez que promove o entendimento entre os sujeitos sociais envolvidos no processo.
    b) Emancipatória e revolucionária perante as desigualdades sociais, pois utiliza os saberes adquiridos para a revolução social.
    c) Introspectiva e reflexiva, pois articula os saberes exclusivamente para a produção científica.
    d) Reflexiva e propositiva, uma vez que contextualiza a produção do saber adquirido na busca de transformar a realidade.

4. Quando falamos que o tripé *ensino, pesquisa e extensão* deve favorecer a interdisciplinaridade, estamos nos referindo a quê?

5. O que configuram os projetos de extensão universitária em Serviço Social?

Questões para reflexão

1. Um dos principais desafios contemporâneos sobre o ensino em serviço social está relacionado ao distanciamento entre o arcabouço teórico e a realidade prática. Como podemos romper com essa visão no estágio supervisionado em Serviço Social?
2. Qual é o papel da pesquisa para decifrar a realidade social?
3. De que forma pensar a extensão como campo de estágio que potencialize as dimensões teórico-metodológica, ético-política e técnico-operativa da profissão?

Para saber mais

LEWGOY, A. M. B. **Supervisão de estágio em serviço social**: desafios para a formação e o exercício profissional. 2. ed. São Paulo: Cortez, 2010.

Nessa obra, a autora realiza um estudo e aprofundamento teórico sobre a supervisão de estágio no contexto da política educacional e do atual mundo do trabalho, abordando as contradições, os desafios e os enfrentamentos da categoria profissional perante a formação profissional.

CAPÍTULO 4

Interdisciplinaridade e relação com o estágio supervisionado

Conteúdos do capítulo:
- Multidisciplinaridade.
- Interdisciplinaridade.

Após o estudo deste capítulo, você será capaz de:
1. compreender o conceito de multidisciplinaridade e sua importância no contexto de formação das diversas áreas de conhecimento;
2. conhecer e refletir sobre a importância da interdisciplinaridade nos espaços sócio-ocupacionais do assistente social e, consequentemente, nas relações que se estabelecem durante o estágio supervisionado em Serviço Social.

Neste capítulo trataremos sobre os conceitos de multidisciplinaridade e interdisciplinaridade, estendendo-os para os espaços de intervenção profissional onde o aluno de Serviço Social realiza sua prática do estágio supervisionado.

Primeiramente, abordaremos a particularidade da multidisciplinariedade, que se configura em uma ação singular de cada área de conhecimento sobre determinado fenômeno, na qual não há troca de saberes, apenas olhares distintos sobre a mesma questão, apresentando, assim, posicionamentos fragmentados sobre a realidade.

Falaremos ainda da interdisciplinaridade, que requer o compromisso entre as áreas e disciplinas visando à aproximação, à troca, à reciprocidade e à profundidade na discussão e no entendimento da realidade para a construção coletiva dos saberes.

Nesse contexto, abarcaremos o estágio supervisionado em Serviço Social, entendido como espaço de troca de saberes, de vivência do trabalho em equipe, de discussões e tomadas de atitude diante dos desafios impostos às diversas áreas de conhecimento e sua relação com o compromisso ético-político para propor uma práxis transformadora.

As Diretrizes Gerais para o Curso de Serviço Social da Associação Brasileira de Ensino e Pesquisa em Serviço Social (ABEPSS, 1996), embasadas pela teoria social crítica, preveem a importância do caráter interdisciplinar nas várias dimensões do projeto de formação profissional para a formação do assistente social e sua atuação pautada na estreita relação entre teoria e prática.

No capítulo anterior, falamos da indissociabilidade entre ensino, pesquisa e extensão. Sabemos que, no universo acadêmico, os cursos das diversas áreas de conhecimento fazem interface com disciplinas que compõem outros saberes. Conforme nos relata Minayo (1994, p. 43), a interdisciplinaridade não é sinônimo de sobreposição de "várias faculdades no mesmo lugar" ou de ajuntamento de "vários especialistas com suas linguagens particulares sentados um ao lado do outro". O projeto interdisciplinar deve ser solidário, emancipador e transformador.

Apesar de um dos princípios norteadores para a formação profissional ser pautado pela interdisciplinaridade vivenciada durante o estágio supervisionado, muitas são as dúvidas a respeito dos conceitos de multidisciplinaridade e interdisciplinaridade, tanto por parte de profissionais quanto de acadêmicos.

4.1 Multidisciplinaridade

Antes de apresentarmos as particularidades do modelo multiprofissional, devemos entender o significado do modelo unidisciplinar. Segundo Silva (1999), nesse modelo o objeto de estudo é observado por apenas uma disciplina, por uma dimensão da realidade, diferentemente do que ocorre no modelo multidisciplinar, em que o objeto é observado por várias outras disciplinas, com olhares específicos e justapostos.

Segundo Japiassú, citado por Carlos (2007), para compreender como ocorre na prática a interação entre as diversas áreas do saber que realizam intervenções conjuntas, como serviço social, psicologia, arquitetura, pedagogia, sociologia, entre outras, faz-se necessário conceituar primeiramente a **multidisciplinaridade**, que caracteriza o primeiro nível de complexidade das áreas de conhecimento. Nela se observam a mera vizinhança e a tolerância entre os diferentes profissionais, que atuam no mesmo local, com um objeto em comum, mas não cooperam entre si. Dessa forma, trata-se de uma "gama de disciplinas que propomos simultaneamente, mas sem fazer aparecer as relações que podem existir entre elas." (Japiassú, 1976, citado por Carlos, 2007, p. 36). Nessa forma de atuação, os profissionais de cada área trabalham na sua especificidade, de forma particular, sem articular seus saberes com os colegas das demais disciplinas.

De acordo com Cavalcante, Reis e Lira (2011), na área de ciências humanas ocorrem equívocos quanto aos conceitos de multidisciplinaridade e interdisciplinaridade. Para as autoras, ainda se vivencia no serviço social uma prática multidisciplinar que não consegue responder de forma mais completa e profunda às diferentes perspectivas da questão social (Cavalcante; Reis; Lira, 2011).

Aqui, chamamos a sua atenção para o fato de que somente conseguimos avançar para uma atuação interdisciplinar quando apreendemos os preceitos ético-políticos, teórico-metodológicos e técnico-operativos da profissão. "Parece brindar-nos de obviedade que só oferecemos aquilo que, de fato, temos propriedade. Ou seja, o conhecimento e domínio das possibilidades e limites da própria profissão tornam-se indispensáveis para que haja interação com as demais profissões" (Carvalho, 2019, p. 2).

Nessa citação, a autora nos remete ao papel do assistente social, que deve se relacionar com as equipes multiprofissionais de forma comprometida e competente, de modo a clarificar a própria profissão para os demais componentes da equipe nos diversos espaços de atuação.

As análises multidisciplinares são compostas de entendimentos especializados e fragmentados. Segundo Fossi e Guareschi (2004), nelas a avaliação ocorre de forma independente, sem haver uma identidade do grupo, um vez que as ações de cada área são independentes entre si. Podemos considerar, portanto, que na multidisciplinaridade ocorre uma associação de ideias e entendimentos que não modifica o pensamento nem o entendimento de alguma disciplina ou especialidade.

É necessário compreender o exercício da multidisciplinaridade tem características que a qualificam como tal. Segundo Domingues (2005), ela se caracteriza pela aproximação de diversas especialidades em busca da solução de problemas, ficando resguardada, no entanto, a metodologia de cada saber. Há cooperação entre as diversas ciências, mas como cada qual mantém sua fronteira, não existe interseção de saberes.

A respeito da fragmentação dos conhecimentos, Morin e Le Moigne (2000) afirmam que os diferentes saberes e disciplinas se encontram fragmentados e hiperespecializados na multidisciplinaridade. O trabalho em equipe multidisciplinar é muito comum na atuação do assistente social. Dependendo da necessidade de análise, a equipe agrega ao estudo diferentes pareceres, como a do pedagogo, do psicólogo e do assistente social. No entanto, essas visões específicas reforçam a fragmentação do olhar sobre o indivíduo, que não é percebido por inteiro.

Temos, então, de refletir sobre o uso do termo *equipe multiprofissional* pelo serviço social. Contar com saberes diferentes para complementar o conhecimento do assistente social a respeito dos fenômenos é muito importante, porém, é necessário compreendermos que, embora os diferentes saberes estejam próximos na perspectiva multidisciplinar, ocorre a fragmentação e a desarticulação entre eles, que defendem e compartilham saberes específicos de forma justaposta.

Segundo Bosio (2009, p. 49), na multidisciplinaridade, "as várias disciplinas são colocadas lado a lado, carecendo de iniciativas entre si e de organização institucional que estimule e garanta o trânsito entre elas". Existe, portanto, uma colaboração, mas não uma inter-relação. Ela se constitui, então, no envolvimento mais elementar entre as ciências no que tange ao entendimento de uma questão; cada ciência e especialidade contribui com informações e saberes próprios, sem haver troca ou aprofundamento entre elas.

Nos anos 1980 e 1990 a nomenclatura *equipe multidisciplinar* foi usada de modo constante para definir equipes nas quais vários profissionais discutiam questões, casos e atendimentos, principalmente na área da saúde, com destaque para os hospitais. Nesses ambientes, cada um dos profissionais envolvidos – assistentes sociais, psicólogos, médicos, enfermeiros, fisioterapeutas e nutricionistas – expunha suas ideias sobre determinado paciente para que cada área atuasse com estratégias específicas, de forma a atingir os objetivos propostos. Cabe dizermos aqui que essa prática também era vivenciada pelos estagiários de serviço social, que participavam das discussões.

Tal nomenclatura ainda é utilizada na contemporaneidade, no entanto, precisamos ampliar a discussão sobre o tema de modo a transpor a superespecialização e a prática de técnicas isoladas e desarticuladas nos diversos espaços de intervenção profissional. Todos os saberes são necessários para o atendimento aos usuários, por isso é preciso que os diferentes profissionais atuem de forma crítica, propositiva e que garanta as interfaces entre os diversos saberes. Muitas vezes, os estagiários participam de equipes multidisciplinares sem entenderem que é necessário se aprofundarem nos conceitos de interdisciplinaridade e transdisciplinaridade. Ressaltamos aqui a importância de o estagiário conversar com seu supervisor sobre a importância desse processo e sobre a relevância de ampliar a discussão para a interdisciplinaridade.

4.2 Interdisciplinaridade

Antes de abordarmos a questão da interdisciplinaridade e sua relação com o estágio em Serviço Social, faz-se necessário definir esse conceito. Para Fazenda (2013), ele surgiu nos anos 1960 na França e na Itália, na área da educação, por meio de reivindicação de estudantes que buscavam "a construção de um novo paradigma de ciência, de conhecimento, e a elaboração de um novo projeto de educação, de escola e de vida." (p. 16). No Brasil, chegou ao final da década de 1990 de maneira distorcida, e por isso ganhou *status* de modismo.

O conceito de interdisciplinaridade está relacionado aos diversos saberes e à concepção de ferramentas metodológicas para se compreender o fazer do cotidiano, a qual se alicerça na troca, na reciprocidade, na discussão, no conhecimento do outro profissional e da outra profissão, no que ela complementa e acresce ao saber, construindo-se coletivamente a intervenção sobre o real, de modo ampliado, mas sem fragmentações.

> a interdisciplinaridade, favorecendo o alargamento e a flexibilização no âmbito do conhecimento, pode significar uma instigante disposição para os horizontes do saber. [...] Penso a interdisciplinaridade, inicialmente, como postura profissional que permite se pôr a transitar o "espaço da diferença" com sentido de busca, de desenvolvimento da pluralidade de ângulos que um determinado objeto investigado é capaz de proporcionar, que uma determinada realidade é capaz de gerar, que diferentes formas de abordar o real podem trazer. (Rodrigues, 1998, p. 156)

Percebemos, desse modo, que a interdisciplinaridade é muito mais do que mero modismo; é, de fato, um amadurecimento entre as diversas áreas de conhecimento, em que vários saberes se complementam, se relacionam e se articulam para ampliar o diálogo e sua forma de perceber e intervir na realidade social. Nessa perspectiva, é primordial que os profissionais de cada área sejam competentes no que fazem e saibam argumentar com os demais, lembrando que nenhuma profissão se faz isoladamente.

> O Serviço Social constitui-se uma [sic] profissão essencialmente interdisciplinar, já que não conta com uma teoria própria e sim dialoga com diversas teorias, na busca de compreender e responder às questões oriundas da questão social. Contudo, o Assistente Social também possui seus limites e não pode ser capaz de responder à complexidade que se evidencia na sociedade. O profissional chamado a atuar em uma equipe interdisciplinar – não apenas o Assistente Social, como todos os profissionais – deve atentar-se para uma série de fatores para que o projeto de trabalho interdisciplinar não se converta em trabalho mutidisciplinar. (Gomes, 2016, p. 2)

Na sociedade capitalista em que vivemos, que prima pelo individual em detrimento ao coletivo, as diferentes profissões se diferenciam teórica e praticamente de modo a garantir espaços de atuação, o que acarreta a competição entre profissionais e áreas distintas.

Para Castells (2001), vivemos num mundo em rede, que exige um olhar global para compreendermos as questões que se nos apresentam. Não podemos, no entanto, esquecer que fazemos parte de um sistema capitalista competitivo, que exige a interdisciplinaridade como uma metodologia de trabalho que traga resultados e que precisa ser construída coletivamente. Ainda são vários os fatores que precisam ser considerados para sua efetivação, como: "a construção de equipes interdisciplinares nas organizações; a capacitação profissional para o trabalho interdisciplinar; o diálogo nas equipes de trabalho interdisciplinar; a sistematização e registro dos trabalhos empreendidos pela equipe interdisciplinar, dentre outros" (Gomes, 2016, p. 5). A interdisciplinaridade promove a oportunidade de entendermos coletivamente as questões que nos são apresentadas e necessitam da intervenção do profissional. No entendimento de Gattás e Furegato (2006, p. 325), a interdisciplinaridade é vista como

> Uma postura profissional que permite transitar o "espaço da diferença" com sentido de busca e de desvelamento das diferentes formas de se abordar a realidade. Nenhuma profissão e conhecimentos são absolutos e a interdisciplinaridade é um princípio constituinte da diferença e da criação. É uma alternativa para transpor as fronteiras das profissões, sem perda de autonomia, de oportunidades de conhecer outras formas de ação, de superar idiossincrasias, de deixar de falar só com seus pares e de aprender a conviver.

Na prática da interdisciplinaridade desenvolve-se, segundo Carvalho (2012), o processo de ensino-aprendizagem sem autoritarismo. Isso porque, no espaço de trabalho interdisciplinar, os diferentes saberes se questionam, se contradizem e se complementam, utilizando nesse processo o diálogo entre visões distintas, o que, segundo Pooli (2013), oportuniza o entendimento e o convívio ético.

Vimos no item anterior, a respeito da multidisciplinaridade, que na modalidade de trabalho multiprofissional os saberes são apresentados, mas não são refletidos e questionados em conjunto.

Para Ortiz (2011, p. 195), o trabalho interdisciplinar requer "a interlocução horizontal entre os diversos saberes e práticas, sem desconsiderar as particularidades de cada profissão nem a natureza da contribuição de cada um dos sujeitos profissionais envolvidos". A concretização de uma prática interdisciplinar constituiu-se em desafio, principalmente se considerarmos o estímulo à competição e o princípio de hegemonia de saberes, ainda estimulado em universidades nas diferentes áreas da ciência.

A interdisciplinaridade diz respeito, conforme Severino (2010), à tentativa de unificar o saber tanto no ensino quanto na pesquisa ou prática social, entendendo o conhecimento como uma forma diferenciada de agir, em que os profissionais de diversas áreas estejam dispostos ao novo, atuando como protagonistas de uma nova forma de fazer, pensar e agir. A interdisciplinaridade deve ser um agir para a práxis transformadora, que traga resultados não somente objetivos, mas também subjetivos, o que implica um posicionamento ético e político. Segundo Jorge e Pontes (2017, p. 180):

> Refletida a práxis como emancipação humana, temos um exercício profissional que por meio da Interdisciplinaridade aproxima diferentes conhecimentos disciplinares separados pelas especializações das ciências. Implica dizer, então, que há uma intencionalidade e uma finalidade às práticas interdisciplinares, e isso nos leva ao campo da Ética.

O serviço social necessita superar práticas que não respondam às exigências conjunturais de uma sociedade em constante movimento, sem, no entanto, sucumbir à prática que objetive responder às exigências do mercado sem refletir criticamente sobre as causas estruturais da questão social e dos interesses na manutenção de suas diferentes expressões.

Vamos refletir, agora, a respeito da *flexibilidade intelectual*. Ela requer, como o próprio nome diz, aceitar o novo, o diferente, o conjunto, quebrando os muros que separam os saberes. A fim de construir um novo saber ético e social por meio da interdisciplinaridade, os profissionais envolvidos em determinada questão social, entre eles o assistente social, devem reconhecer a área particular de cada ciência e transcender o conhecimento existente nelas.

Para Oliveira (2003), é na efetivação da pluralidade do saber, assumida pelo serviço social, que se modificam conceitos e posicionamentos, algo indispensável ao crescimento individual, institucional e profissional do assistente social.

A questão do saber está diretamente relacionada ao cotidiano de trabalho do assistente social, o que leva o profissional a por vezes afirmar, por vezes reproduzir e por vezes buscar a superação do conhecimento em seu campo de trabalho. Relativo à superação do conhecimento, Severino (2010, p. 15) aponta que "o saber só será autenticamente saber quando se der interdisciplinarmente".

Segundo Iamamoto (2013), os assistentes sociais vêm sendo chamados para atuar nos campos de recursos humanos, saúde do trabalhador, em equipes interdisciplinares, entre outros espaços, o que exige o redimensionamento de seu perfil profissional. Para a autora, o ensino, a pesquisa e a extensão devem ser conduzidos na perspectiva interdisciplinar, que exige do assistente social um processo de trabalho coletivo com as diversas especializações de trabalho. Por essa razão, Pooli (2013, p. 18) considera que a interdisciplinaridade "pode ser caracterizada como uma tentativa de estabelecer relações de trabalho associadas com outras disciplinas, buscando uma aproximação entre conceitos", e compreende como objetivo principal desta a superação da fragmentação entre as diferentes disciplinas.

A interdisciplinaridade diz respeito, conforme Severino (2010), à tentativa de unificar o saber tanto no ensino quanto na pesquisa ou prática social, entendendo o conhecimento como uma forma diferenciada de agir, em que os profissionais de diversas áreas estejam dispostos ao novo, atuando como protagonistas de uma nova forma de fazer, pensar e agir.

A interdisciplinaridade requer, para Pooli (2013), problematizar tudo o que se refere aos sujeitos do ambiente, local onde se constrói o conhecimento. Já para Rodrigues (1998, p. 156), "favorece o alargamento e a flexibilização no âmbito do conhecimento, o que pode significar uma instigante disposição para os horizontes do saber".

Para Sampaio et al. (1989), na interdisciplinaridade a visão de homem e de mundo volta-se para o global, na busca humana de compreender e modificar o mundo.

A interdisciplinaridade requer diálogo, e este pressupõe a troca de conhecimentos e informações; nela não existe o mais certo ou o mais importante, mas a troca de conhecimentos, fora das caixas protegidas das especialidades.

Ao profissional cabe o domínio e o conhecimento das possibilidades e dos limites de sua profissão, a fim de se realizar, como explica Carvalho (2012), a interação entre os saberes, numa perspectiva de que nenhuma profissão se encontra isolada, devendo o profissional reconhecer o mérito dos conhecimentos de outras ciências e profissões. Isso requer maturidade no reconhecimento de seus limites e também capacidade e habilidade de conviver com as diferenças.

A interdisciplinaridade deve, portanto, ser vivenciada pelo assistente social desde sua formação acadêmica, nas práxis do estágio e na prática cotidiana, de modo a buscar a construção de um saber conjunto, não compartimentado, construído por todos os profissionais envolvidos.

Síntese

Neste capítulo abordamos a temática da multidisciplinaridade na construção do saber sobre determinado fenômeno, conceituando a particularidade e a falta de articulação entre as diversas áreas de conhecimento, o que privilegia a especialização e a fragmentação dos saberes, visto não haver interlocução e discussão entre aquelas diante do estudado.

Avançamos para a compreensão da interdisciplinaridade no contexto do conhecimento, do ensino, da pesquisa e da prática social, nos quais há uma proposição, uma articulação, um novo modo de pensar e agir em relação às questões do dia a dia, propondo uma práxis transformadora que estimule a tomada de atitude que implica num posicionamento ético e político.

Finalizamos falando da relação entre a interdisciplinaridade e o estágio em Serviço Social, quando se oportuniza ao aluno experimentar, vivenciar e participar de momentos que potencializem a troca de saberes, numa perspectiva horizontal e transformadora, que exige dele maturidade para conviver com diferenças, o que inclui compreensão e respeito aos mais variados conhecimentos, ciências e histórias das profissões.

Questões para revisão

1. Ao falarmos sobre multidisciplinaridade, estamos tratando de que tipo de modelo multiprofissional?
   a) Modelo de cooperação e interação entre as disciplinas.
   b) Modelo de superação das diferenças em prol da unidade de saberes.
   c) Modelo que prioriza sua área de conhecimento, sem articulação com as demais disciplinas.
   d) Modelo coletivo, transformador e interventivo de saberes e relações transdisciplinares.

2. Ao falarmos sobre *interdisciplinaridade*, estamos tratando de que tipo de modelo multiprofissional?
   a) Modelo colaborativo, de reciprocidade, que favorece a discussão entre diversas áreas de saberes.
   b) Modelo unilateral, individual e introspectivo, que favorece apenas um tipo de conhecimento.
   c) Modelo fragmentado, que se compromete exclusivamente com as respostas mediatas do fenômeno.
   d) Modelo unidisciplinar, que prioriza as teorias e não a relação prática e articulada entre os saberes.

3. Sobre o serviço social e sua relação com a interdisciplinaridade, assinale V nas afirmativas verdadeiras e F nas falsas.
   ( ) O serviço social é uma área interdisciplinar, dialogando com diversas teorias que formam o corpo de sua estrutura teórica, já que não conta com uma teoria própria.
   ( ) Muitas vezes, os assistentes sociais atuam nos espaços sócio-ocupacionais em equipes interdisciplinares.
   ( ) O serviço social é uma área multidisciplinar, já que para exercer suas atribuições precisa do sigilo profissional.
   ( ) O serviço social está inserido no mercado de trabalho, o qual exige resultados e metodologia de trabalho interdisciplinar.

Assinale a alternativa que corresponde à sequência correta:
a) V, V, F, F.
b) V, F, F, V.
c) V, V, F, V.
d) F, F, V, F.

4. Como podemos concretizar, na prática, o trabalho interdisciplinar?

5. Qual o entendimento de Iamamoto (2013) sobre o trabalho interdisciplinar?

Questão para reflexão

1. Como é possível, durante o estágio supervisionado em Serviço Social, estabelecer uma atitude que promova a interdisciplinaridade?

Para saber mais

FAZENDA, I. (Org.). **O que é interdisciplinaridade?** 2. ed. São Paulo: Cortez, 2013.
Nessa obra, a autora apresenta uma importante discussão sobre a interdisciplinaridade mediante vários saberes e perspectivas.

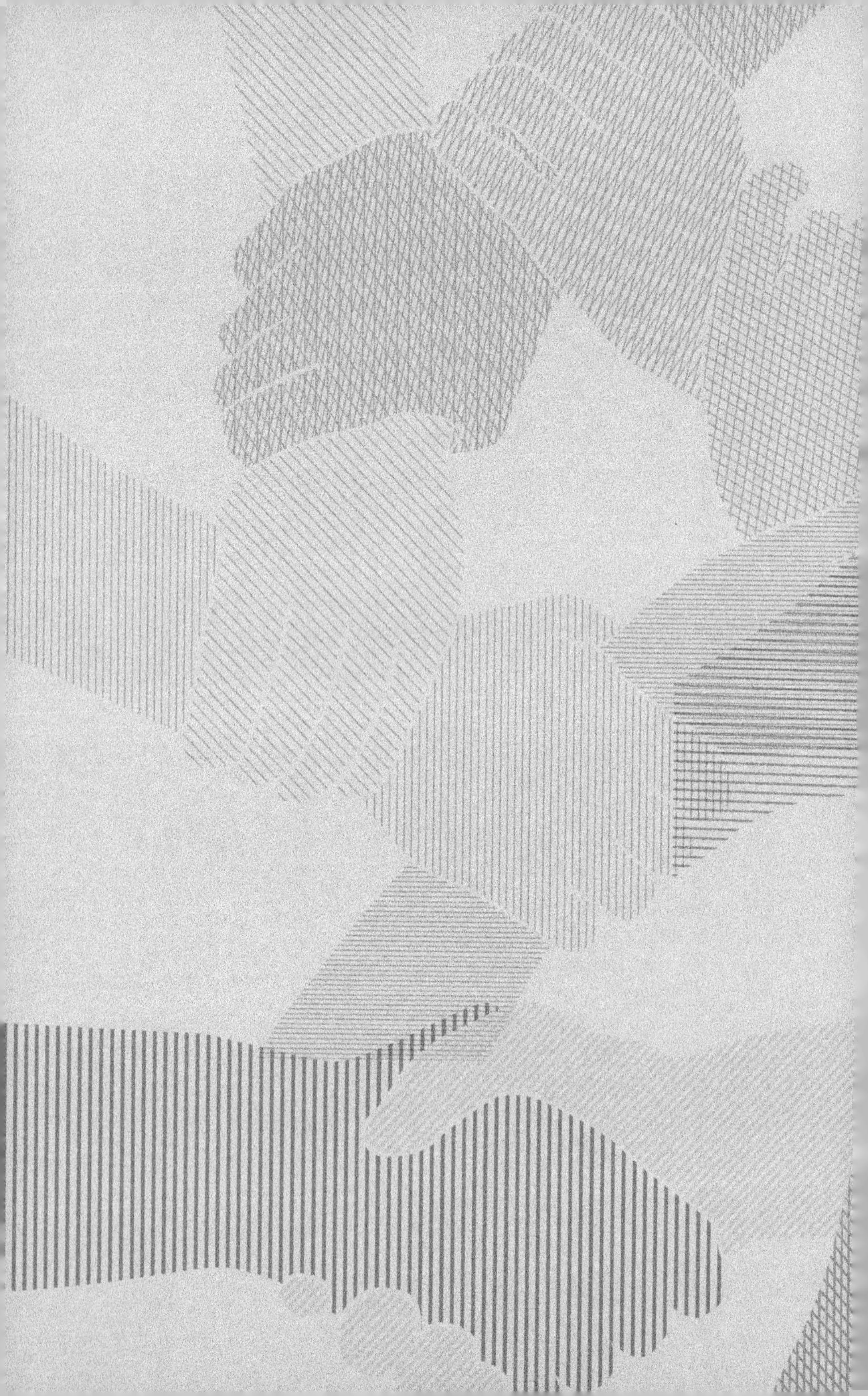

CAPÍTULO 5

Supervisão de estágio e seu impacto na formação do assistente social

Conteúdos do capítulo:

- Histórico da supervisão de estágio em Serviço Social.
- Legislação de estágio.
- Supervisão de estágio em Serviço Social.
- Coordenador de estágio.
- Supervisor de campo.
- Supervisor acadêmico.
- Estagiário.
- Debate: estágio supervisionado, supervisão de estágio e ensino do serviço social.

Após o estudo deste capítulo, você será capaz de:

1. conhecer a evolução histórica da supervisão em Serviço Social;
2. aproximar-se da legislação de estágio (Lei n. 11.788/2008) e de sua normatização, bem como da ABEPSS, a qual orienta a estrutura do estágio do curso de Serviço Social;
3. reconhecer o estágio e a supervisão como elementos indissociáveis do aprendizado para a formação do assistente social;
4. compreender a relevância do papel dos atores envolvidos no processo de supervisão em serviço social;
5. refletir sobre o debate do ensino no serviço social e sua relação com o estágio.

Você vem acompanhando até agora as discussões e reflexões sobre a complexidade do processo de formação do profissional de serviço social, que perpassa várias construções de saberes, contradições, reafirmações e redefinições do fazer profissional. Neste capítulo, queremos convidá-lo a refletir sobre o impacto da supervisão de estágio em Serviço Social na formação do assistente social. Para isso, contextualizaremos de forma didática esse momento.

Até a década de 1990, a supervisão era de responsabilidade do supervisor de campo. Avançaremos nessa temática falando sobre a relevância das Diretrizes Curriculares do curso de Serviço Social da Associação Brasileira de Ensino e Pesquisa em Serviço Social (ABEPSS, 1996), das Diretrizes Curriculares de 2002, da Política Nacional de Estágio (PNE) e da profissão como marco para a nova configuração do estágio supervisionado em Serviço Social, que nos acompanha até a atualidade.

Faremos ainda a aproximação com a Lei n. 11.788, de 25 de setembro de 2008 (Brasil, 2018), que dispõe sobre os estágios obrigatório e não obrigatório, bem como a respeito da normatização e da regulamentação do estágio para todos os níveis de formação. Traremos também da importância da organização da supervisão nesse contexto, no qual o curso de Serviço Social abrange especificamente os atores envolvidos no processo, a saber, os supervisores de campo e acadêmico, o coordenador de estágio e os estagiários do curso – falaremos sobre o papel de cada um no processo de formação.

Finalmente, abordaremos a questão do ensino em serviço social e a discussão sobre a formação, a aproximação teórico-prática e o exercício profissional nos espaços sócio-ocupacionais.

5.1 Histórico da supervisão de estágio em serviço social

Conforme nos lembra Lewgoy (2010), até o início do século XIX a supervisão de estágio em Serviço Social seguia uma trajetória de evolução, tendo inicialmente caráter de treinamento em instituições de caridade, muito relacionado a questões de ajuda aos necessitados, com forte embasamento na corrente neotomista.

A concepção de estágio atrelada a um processo de ensino foi criada na década de 1950, com base nas ideias de Mary Richmond a respeito do trabalho de caridade com as famílias e na defesa da profissionalização do trabalho social. Também está relacionada às teorias formuladas por John Dewey na década de 1970, na concepção de que a aprendizagem se efetivava ensinando o aluno a como fazer.

No final da década de 1940, o 2º Congresso Pan-Americano de Serviço Social promoveu discussões referentes à necessidade da supervisão, muito em decorrência do crescimento de instituições assistenciais movido pela industrialização e pelos problemas dela decorrentes, ficando a supervisão sob a responsabilidade do profissional de campo.

Segundo Lewgoy (2010), nas décadas de 1950 e 1960 a discussão sobre a supervisão pautava-se no entendimento de que ela deveria ter uma concepção pedagógica; nas décadas de 1970 e 1980 essa concepção não se alterou, mesmo diante do movimento de reconceituação.

Somente a partir da década de 1990 se passou a entender a supervisão como um processo da formação profissional, e foram aprovadas pela ABEPSS as novas diretrizes curriculares para o curso de Serviço Social. Segundo Rodrigues e Carmo (2010, p. 190), elas estabelecem "o estágio como o momento importantíssimo da formação profissional, pois o estagiário vivencia por completo o exercício profissional de Serviço Social, sua ética, sua execução política, sua visão ideológica, pedagógica e principalmente técnica".

A alteração na configuração da supervisão de estágio em Serviço Social, pautada em resoluções e diretrizes curriculares, trouxe um novo olhar para o exercício profissional e exigiu do conjunto CFESS/CRESS (Conselho Federal de Serviço Social/Conselho Regional de Serviço Social), a partir da década de 1990, uma postura educativa e reguladora sobre a organização e a execução do estágio nos diversos espaços sócio-ocupacionais da profissão. Essa nova configuração impactou as instituições de ensino superior, onde foi feito todo um planejamento com a equipe docente para que soubesse conduzir a inclusão dos alunos no estágio em Serviço Social. Nessa perspectiva, não podemos deixar de citar os profissionais de campo – leia-se os supervisores de campo –, que, como os demais assistentes sociais, precisaram e ainda precisam lutar pela consolidação das condições exigidas nas Resoluções n. 533 de 29 de setembro de 2008 (CFESS, 2008) e n. 493, de 21 de agosto de 2006 (CFESS, 2006), para exercerem a atribuição de supervisores em Serviço Social em seus espaços sócio-ocupacionais.

5.2 Legislação de estágio

O estágio de estudantes é regido pela Lei 11.788/2008, que rege, em seu art. 1º:

> Art. 1º Estágio é ato educativo escolar supervisionado, desenvolvido no ambiente de trabalho, que visa à preparação para o trabalho produtivo de educandos que estejam frequentando o ensino regular em instituições de educação superior, de educação profissional, de ensino médio, da educação especial e dos anos finais do ensino fundamental, na modalidade profissional da educação de jovens e adultos.
>
> § 1º O estágio faz parte do projeto pedagógico do curso, além de integrar o itinerário formativo do educando.
>
> § 2º O estágio visa ao aprendizado de competências próprias da atividade profissional e à contextualização curricular, objetivando o desenvolvimento do educando para a vida cidadã e para o trabalho.

Essa lei dispõe sobre o estágio como ato educativo supervisionado que compõe a formação do estudante, estando obrigatoriamente inserido no projeto pedagógico do curso. Não se constitui, portanto, em escolha da instituição ou do estudante, mas em elemento obrigatório para a formação profissional, com vistas à formação de habilidades e competências para a atividade profissional.

Especificamente no curso de Serviço Social, o aluno ingressa no estágio obrigatório a partir do terceiro ano, conforme orientação da ABEPSS, visto esta considerar que, a partir desse momento do curso, o aluno já realizou as aproximações teóricas pertinentes para não ter uma visão reducionista e leiga sobre as expressões da questão social vivenciadas nos espaços de intervenção profissional. Conforme determina o PNE (ABEPSS, 2010, p. 29), "somente tendo cumprido as disciplinas de fundamentos histórico-teórico-metodológicos do Serviço Social I e II e ética profissional, pela necessidade de formação do senso crítico e conhecimentos específicos básicos da profissão, é que o estudante poderá iniciar a atividade de estágio".

A Lei 11.788/2008 define duas modalidades de estágio: obrigatório e não obrigatório, sendo que ambos só podem ser realizados durante o período de formação do aluno, sempre acompanhados de um supervisor. Além disso, só estagia o aluno que está regularmente matriculado em instituição de ensino e frequenta as aulas de forma regular.

Vamos, então, apresentar as especificidades de cada modalidade de estágio. O **não obrigatório**, como o próprio nome indica, tem caráter opcional e características de complementaridade à formação profissional. As horas realizadas no estágio não obrigatório são consideradas complementares à carga horária exigida para a realização do estágio obrigatório. Nessa modalidade, há interesse do aluno em buscar o estágio, em conhecer os diversos espaços de intervenção profissional, seja na área pública, seja na privada, bem como estar próximo da prática profissional perante políticas públicas como saúde, assistência, habitação, entre outras, além de conhecer o objeto de intervenção do assistente social, que se manifesta nas múltiplas expressões da questão social, como pobreza, desemprego, falta de moradia, segregação, violação de direitos de crianças e adolescentes, mulheres e idosos, as quais são evidenciadas no cotidiano do exercício profissional do assistente social. Constitui-se também o momento em que o aluno identifica o espaço de atuação onde irá desenvolver o estágio obrigatório e, posteriormente, realizar as atividades acadêmicas, como o projeto de intervenção, o diário de campo e o trabalho de conclusão de curso (TCC).

O estágio obrigatório, por sua vez, é requisito para a conclusão do curso e obtenção do título, devendo seguir os preceitos do plano pedagógico do curso (PPC).

Segundo a Lei n. 11.788/2008, ambas as modalidades de estágio não geram vínculo empregatício, devendo estar condizentes com os requisitos de matrícula e frequência do estudante em instituição de ensino, com a celebração de termo de compromisso entre instituição de ensino, instituição concedente de estágio e estudante. As atividades desenvolvidas pelo estudante em estágio deverão ser definidas no termo de compromisso celebrado entre as partes e o estagiário deverá ser acompanhado por supervisores de campo e acadêmico.

Reforçarmos que o estágio em Serviço Social é uma disciplina, e como tal é organizado de forma pedagógica para atender a um currículo mínimo que organiza sua forma de execução. As atividades a serem desenvolvidas pelos estagiários estão relacionadas à formação e às etapas cognitivas e de aprendizagem do aluno, o que torna relevante reforçar o processo dialógico e estreito entre as IES e as unidades concedentes de campos de estágio, primando assim pelo compromisso com a formação das habilidades e competências dos estagiários em Serviço Social. Vale citar aqui uma orientação do PNE sobre a questão:

> O conteúdo da disciplina estágio supervisionado deve estar calcado nos núcleos de fundamentação da formação profissional, uma vez que tais núcleos "afirmam-se como eixos articuladores da formação profissional pretendida e desdobram-se em áreas de conhecimento que, por sua vez, se traduzem pedagogicamente através do conjunto dos componentes curriculares, rompendo, assim, com a visão formalista do currículo, antes reduzida à [sic] matérias e disciplinas.

Esta articulação favorece uma nova forma de realização das mediações – aqui entendida como a relação teoria-prática – que deve permear toda a formação profissional, articulando ensino-pesquisa-extensão. Propõe-se uma lógica curricular inovadora, que supere a fragmentação do processo de ensino-aprendizagem, e permita uma intensa convivência acadêmica entre professores, alunos e sociedade. Este é, ao mesmo tempo, um desafio político e uma exigência ética: construir um espaço por excelência do pensar crítico, da dúvida, da investigação e da busca de soluções" (ABEPSS, 1996, p. 09). (ABEPSS, 2010, p. 28).

Nesse contexto, é de suma importância que as unidades concedentes de campo de estágio, especificamente os assistentes sociais que serão os supervisores de campo, apresentem seu plano de trabalho às instituições de ensino conforme orienta a ABEPSS (2010), para que se possa organizar as atividades dos alunos no termo de compromisso em conformidade com as atividades descritas no plano de trabalho do assistente social. Dessa forma, cria-se uma identidade singular para os estagiários durante o processo do estágio. Vários são os momentos que configuram o estágio obrigatório em Serviço Social até o término do curso, sendo necessária a proximidade entre todos os atores envolvidos no processo de formação. A legislação prevê a instituição de agentes integradores de estágio com a função de identificar e adequar as condições para a efetivação do estágio, realizando seu acompanhamento, inclusive no que tange ao seguro contra acidentes pessoais, que deve cobrir o estagiário no período em que realiza suas atividades de estágio.

A instituição de ensino tem, portanto, grande responsabilidade na abertura dos campos de estágio. Especificamente no curso de Serviço Social, cabe ao coordenador de estágio realizar visitas

> A instituição de ensino tem grande responsabilidade na abertura dos campos de estágio. Especificamente no curso de Serviço Social, cabe ao coordenador de estágio realizar visitas nas instituições para abrir os campos de estágio e certificar-se de têm condições técnicas e físicas de receber os alunos

nas instituições para abrir os campos de estágio e certificar-se de têm condições técnicas e físicas de receber os alunos, devendo ainda, segundo a lei, celebrar o termo de compromisso observando se o estágio se adequa tanto à proposta do curso quanto à etapa e modalidade da formação do estudante, bem como ao calendário escolar. Ou seja, cabe à instituição de ensino certificar-se da legalidade do estágio e das condições nele oferecidas, pautado nas Resoluções CFESS n. 493/2006 e n. 533/2008 e na PNE de Serviço Social da ABEPSS (2010), e indicar o professor-orientador que acompanhará o estágio. Ela também tem a responsabilidade de credenciar os campos de estágio no CRESS de sua região, correndo o risco de penalidades conforme orienta a Resolução CFESS n. 533/2008.

À instituição de ensino também cabe exigir do aluno: um relatório de atividades, que deverá ser redigido com a participação de todos os entes envolvidos; a elaboração de instrumentos de avaliação; a comunicação e o relacionamento próximo com a instituição concedente de estágio.

Segundo a Lei n. 11.788/2008, é considerada parte concedente de estágio não somente as instituições públicas e privadas, mas também os profissionais liberais registrados em seus respectivos conselhos. Cabe à parte concedente do estágio, além de celebrar o termo de compromisso de estágio em conjunto com a instituição de ensino e com o estudante, oferecer local apropriado para a realização do estágio e indicar o profissional responsável pela supervisão.

Ao estagiário, a Lei n. 11.788/2008 oferece orientações a respeito de sua jornada, que deverá estar explicitada no termo de compromisso celebrado, não podendo ultrapassar 4 (quatro) horas diárias e 20 (vinte) horas semanais para estudantes de educação especial e dos anos finais do ensino fundamental na modalidade profissional da educação de jovens e adultos. Para os estudantes do ensino superior da educação profissional de nível médio e do ensino médio regular, a carga horária não pode ultrapassar 6 (seis) horas diárias e 30 (trinta) horas semanais, não podendo o estágio exceder a período de 2 (dois) anos na mesma instituição, exceto para os portadores de deficiência.

Segundo a Lei n. 11.788/2008, durante o período de estágio o estudante "tem direito a recesso após 1 (um) ano de frequência no estágio "de 30 (trinta) dias a ser gozado preferencialmente no período de férias escolares" (Brasil, 2008). Além disso, o estágio deve sempre obedecer ao calendário acadêmico, tendo em vista que é uma disciplina e não pode ser realizado sem a supervisão direta de ambos os assistentes sociais, supervisores acadêmicos e de campo.

Como já falamos anteriormente, alguns alunos confundem o estágio com trabalho e consideram que suas férias podem ser gozadas quando melhor lhes convier, o que não ocorre, visto que a carga horária do estágio obrigatório deve ser cumprida durante o período letivo. Isso significa que o aluno não pode concentrar suas atividades de estágio em um único mês para cumprir sua carga horária nem tirar férias durante o período letivo, porque, sob hipótese alguma, ele pode ficar sem a supervisão direta de estágio.

As unidades de ensino devem elaborar seus regulamentos, normativas e/ou políticas de estágio em conformidade

> com toda normatização e legislação em vigor, Lei Federal 11.788/2008, Resolução CFESS 533/2008, Diretrizes Curriculares da ABEPSS de 1996 e a PNE (2010). Tal política de estágio deve constar no projeto pedagógico das unidades de formação acadêmica e ser amplamente divulgada junto aos sujeitos envolvidos no estágio, aos setores da universidade e da categoria, visando fortalecer coletivamente as diretrizes para o estágio no Serviço Social. (ABEPSS, 2010, p. 27)

Além disso, os estagiários deverão ser acompanhados pela instituição de ensino, ficando caracterizados como vínculo empregatício os casos de não cumprimento da referida lei que regulamenta o estágio no Brasil.

Com relação à quantidade de estagiários a serem supervisionados no curso de Serviço Social, a resolução 533/2008 do CFESS (2008, p. 3, grifo do original) assim orienta:

> **Parágrafo único.** A definição do número de estagiários a serem supervisionados deve levar em conta a carga horária do supervisor de campo, as peculiaridades do campo de estágio e a complexidade

das atividades profissionais, sendo que o limite máximo não deverá exceder 1 (um) estagiário para cada 10 (dez) horas semanais de trabalho.

Já ao supervisor acadêmico a ABEPSS (2010, p. 34) orienta que "A supervisão acadêmica não deve ultrapassar o limite de 15 estudantes por turma, tendo em vista as especificidades da disciplina de estágio, bem como critérios de avaliação institucional previstos pelo INEP[1], em relação às disciplinas que articulam teoria e prática".

Vimos que existe uma legislação nacional que regulamenta os estágios para estudantes no país. A seguir, apresentaremos os documentos que regulamentam o estágio em Serviço Social, a saber: o Código de Ética do/a Assistente Social (CFESS, 1993) e a Lei n. 8662, de 7 de junho de 1993 (Brasil, 1993).

Observamos que o Código de Ética apresenta uma preocupação e um cuidado relativos ao acompanhamento de estágios e à garantia da observância das normas a ele referentes.

Considerando que ser supervisor é algo inerente à profissão, não existe a opção de um assistente social não ser um supervisor. No entanto, observamos na atualidade assistentes sociais que não abrem campos de estágio e deixam, assim, de exercer uma das atribuições contidas no art. 5º da Lei n. 8.662/1993, que regulamenta a profissão e determina o "treinamento, avaliação e supervisão direta de estagiários de Serviço Social" (CFESS, 1993, p. 46), definindo responsabilidade às unidades de ensino no credenciamento dos campos de estágio e a designação de assistente social responsável por supervisão no Conselho Regional de sua jurisdição, bem como a realização de estágio em Serviço Social somente com supervisão direta de assistente social apto ao exercício da profissão.

Tanto o Código de Ética do Assistente Social quanto a lei que regulamenta a profissão enfatizam a necessidade de uma supervisão comprometida e legalmente apta no acompanhamento do estágio supervisionado em Serviço Social. Sendo assim, precisamos

---
1   Instituto Nacional de Estudos e Pesquisas Educacionais Anísio Teixeira.

nos aprofundar quanto à supervisão de estágio, refletindo a respeito do que ela significa, quais regras a definem e de que forma ela se configura no universo do estágio supervisionado.

Nesse universo legal, para a execução do estágio supervisionado em Serviço Social ainda nos deparamos com várias contradições e não conformidades, como alunos sem supervisão direta ou executando atividades que seriam do assistente social; locais de trabalho precários, que comprometem o processo de ensino-aprendizagem; postura conservadora por parte de alguns gestores e assistentes sociais que reproduzem uma prática interventiva funcionalista, que visa ao ajustamento social, e não adotam a teoria social crítica nem promovem a discussão sobre as manifestações da expressão da questão social pautada na luta de classes e na garantia de direitos sociais.

Nesse contexto, a supervisão de estágio deve estar comprometida com seus usuários, com a qualidade dos serviços prestados e com o Projeto Ético-Político do Serviço Social (PEPSS), que se materializa no cotidiano em espaços como academias, instituições públicas e privadas, terceiro setor e demais entidades envolvidas com o exercício de uma intervenção emancipatória que promova a cidadania e a emancipação social coletiva da classe trabalhadora.

Segundo Lewgoy (2010, p. 44), a supervisão de estágio deve pautar-se na reflexão, pensada como prática que objetiva a emancipação e o "compromisso político com os processos sociais", devendo se configurar em ação que requer planejamento conjunto entre os entes envolvidos e compromisso com a formação pautada nos preceitos éticos e ideológicos da profissão de serviço social. Trata-se de uma ação conjunta, que precisa do engajamento e da participação de todos os envolvidos no processo de formação. Comprometer-se com a supervisão em serviço social implica adotar uma postura política, ideológica e hegemônica da profissão, e caminhar nesse compromisso envolve fazer parte de um coletivo dinâmico e contraditório, que por vezes irá causar mudanças, angústias, enfrentamentos e questionamentos diante do projeto profissional e do projeto de sociedade idealizado pelos usuários, nos diversos espaços de intervenção do assistente social.

5.3 Supervisão de estágio em serviço social

Como dissemos anteriormente, a supervisão de estágio constitui-se em ação exigida na legislação. Mais do que isso, constitui-se em ação que oportuniza conhecimento, reflexão e diálogo constante a respeito da prática profissional. Durante a formação do aluno, o estágio configura-se como momento de articulação e aprofundamento teórico-prático, permitindo avanços tanto para a instituição de ensino quanto para a instituição concedente de estágio.

Podemos então nos perguntar: O que é supervisão de estágio e de que forma ela se configura a fim de garantir a qualidade na formação do assistente social?

O estágio supervisionado objetiva, conforme a legislação, promover aprendizado para o exercício da prática profissional. Ele ocorre de forma intrínseca à relação da formação e do exercício da profissão, preparando o aluno para o mercado de trabalho.

A respeito das exigências inerentes à formação do assistente social, Lewgoy (2010) salienta que a universidade tem o compromisso de formar futuros profissionais, que, diante das exigências contemporâneas, necessitam de habilidades e características como criatividade, criticidade, liderança e capacidade de trabalhar em equipe, fator este que requer conhecimento e disposição ao trabalho interdisciplinar. Essas condições inerentes à atuação do assistente social não estão distanciadas das exigências do processo de formação pedagógica, pois durante o estágio potencializa-se a interação e a interlocução entre a formação e o exercício profissional.

Como estamos nos reportando à supervisão, e não a supervisores, estamos nos referindo a todos os agentes que fazem parte desse processo, ou seja, as instituições de ensino, a unidade concedente de campo de estágio, os alunos, os supervisores de campo e acadêmico, a coordenação do curso e a do estágio e o usuário dos serviços. Aqui cabe ressaltarmos o entendimento do estágio como espaço de planejamento, realizado por todos os envolvidos no processo, reafirmando a importância de se planejar como o estágio será direcionado, prevenindo assim ações de cunho imediatista e acompanhamento não refletido.

> O estágio supervisionado objetiva promover aprendizado para o exercício da prática profissional. Ele ocorre de forma intrínseca à relação da formação e do exercício da profissão, preparando o aluno para o mercado de trabalho.

Nesse universo complexo de atribuições, competências e regulamentações, devemos nos atentar para uma importante discussão que diz respeito à manutenção da qualidade da formação profissional diante da precarização do ensino superior, agravada pela privatização desenfreada do ensino, o que pode levar ao modelo de "universidade operacional", como alerta Chaui (2003), no qual a universidade se adequa somente às exigências de mercado.

A superação das desigualdades produzidas e reproduzidas pelo sistema capitalista de produção exige, para Iamamoto (2013), formar profissionais em condições de construir alternativas em defesa da classe trabalhadora, o que requer, segundo Guerra (2006), um estágio supervisionado curricular, que desenvolva, além de competências técnico-operativas, embasamento ético-político e procedimentos técnico-interventivos, por meio do diálogo entre estudantes, professores e assistentes sociais dos campos de estágio.

Segundo Lewgoy (2010), a supervisão permite a transformação do aprendizado teórico em posturas, serviços e informações, qualificando o atendimento realizado ao usuário dos serviços. Para tanto, faz-se necessária a aproximação entre estudantes, instituição de ensino e instituição concedente de estágio, rompendo com o distanciamento ainda hoje vigente entre estes, percebido em uma realidade que apresenta, segundo Ramos et al. (2004), fragmentação entre ensino, pesquisa e extensão, dicotomia entre teoria e prática, isolamento entre campos de estágio e desarticulação dos campos com as disciplinas curriculares.

Há uma exigência do mercado e dos assistentes sociais em ampliar a abertura dos campos de estágio, visto o crescente aumento do número de alunos nas instituições de ensino a cada ano. Ainda vemos espaços muito precários, tanto física quanto politicamente, com práticas distantes das discussões e orientações do projeto hegemônico da categoria profissional. Muitos campos de estágio se reduzem a espaços onde os alunos simplesmente cumprem as horas mínimas de estágio e os assistentes sociais veem nos estagiários a figura de um ajudante, de alguém para executar atividades que não estão conseguindo realizar, visto suas inúmeras atribuições.

Essa relação frágil potencializa a supervisão desarticulada, que de forma alguma representa a supervisão ética, política e com embasamento teórico-metodológico compatível com a formação sistemática, planejada e em consonância com o Projeto Ético-Político da profissão.

Nesse contexto, reforçamos a necessidade de ampliar as discussões nos Fóruns de Supervisão de Estágio em Serviço Social, momento de debate, reflexão e proposição para mudanças e ajustes a fim de romper paradigmas. As instituições envolvidas precisam alinhar-se para conhecer profundamente os limites e possibilidades em seus espaços de atuação e assim assumir, de forma segura, responsável e comprometida, o compromisso com a formação por meio de uma supervisão técnica que promova o conhecimento e a intervenção social no âmbito das relações sociais.

Vemos, então, a importância do acompanhamento do estágio, realizado por meio da supervisão e do planejamento conjunto entre a instituição de ensino e a instituição concedente das atividades de estágio, buscando concretizar a formação teórico-prática do assistente social.

Os sujeitos envolvidos na supervisão de estágio são o supervisor de campo (assistente social do campo de estágio), o supervisor acadêmico (assistente social da instituição de ensino), o estagiário, o coordenador de estágio e o usuário dos serviços. Cabe ressaltarmos que a supervisão de estágio só pode ser realizada por assistente social em pleno gozo de seus direitos profissionais, ou seja, inscrito no CRESS de sua área de ação. Apresentaremos a seguir as atribuições de cada um desses atores.

5.3.1 Coordenador de estágio

Sujeito de fundamental importância durante o estágio em Serviço Social, o coordenador de estágio é o elemento articulador do estágio supervisionado e da supervisão de estágio. Segundo a PNE (ABEPSS, 2010), ele deve acompanhar todo o processo do estágio desde a abertura de campos, passando pelo monitoramento dos objetivos e resultados e pelo contato com campos ativos e potenciais parceiros, a fim de verificar o interesse deles pela abertura de vagas de estágio; divulgar para os supervisores o regulamento e/ou a política de estágio da instituição de ensino; participar de eventos que promovam a discussão e o aperfeiçoamento sobre a supervisão em serviço social; acompanhar o desempenho dos alunos referente às disciplinas de estágio; reunir-se com os professores do curso de Serviço Social para alinhar ações que potencializem as habilidades e competências dos alunos durante o estágio obrigatório em Serviço Social; avaliar e monitorar a manutenção e/ou fechamento dos campos de estágio; organizar e divulgar o Fórum Permanente de Supervisão em Serviço Social; credenciar no CRESS os campos de estágio obedecendo à legislação vigente; atuar de forma pedagógica na construção de propostas que venham a atender o processo de formação comprometido com a proposta hegemônica da profissão e com o Projeto Ético-Político da categoria.

As funções exercidas pelo coordenador englobam, segundo a PNE (ABEPSS, 2010), a articulação para a participação dos entes envolvidos no estágio, bem como a articulação da política de estágio e a operacionalização dessa política com vistas à formação de qualidade.

A revisão e a proposta da documentação para a realização do estágio, tanto administrativa (observando as exigências de documentação pelo Conselho Estadual de Serviço Social para a realização do estágio supervisionado) quanto técnica (com foco no plano de estágio, no projeto de ação do profissional, no roteiro de avaliação de relatório, na avaliação dos supervisores, professores e alunos quanto ao processo de estágio), também se constitui, segundo a PNE (ABEPSS, 2010), em responsabilidade do coordenador de estágio.

Percebemos, então, que as atribuições do coordenador de estágio se desenvolvem em um ambiente e realidade de transformações constantes, sendo suas responsabilidades de importância ímpar para a garantia de um estágio que efetivamente forme o estudante com qualidade e propicie segurança ao supervisor de campo no acompanhamento ao aluno, garantindo a articulação das atividades do estágio com a proposta curricular do curso de Serviço Social.

Segundo a ABEPSS (2010, p. 24), são algumas das atribuições do coordenador de estágio:

- Propor normas e diretrizes gerais para a operacionalização de uma política de estágio condizente com os critérios e objetivos da formação profissional, com a participação de docentes, discentes e supervisores de campo; [...]
- Acompanhar e avaliar o desenvolvimento do Estágio, objetivando o alcance dos objetivos propostos;
- Estabelecer contato com as diferentes instituições objetivando analisar sua programação, interesse e possibilidade de oferecimento de vagas para estágio, estabelecendo parceria para assegurar a qualidade do estágio, por meio da promoção de eventos e atividades, organizados pela UFA[2], direcionados a capacitação dos(as) supervisores(as) de campo; [...]
- Selecionar, credenciar e acompanhar os campos de estágio respeitando os princípios da política de estágio e considerando as demandas dos estudantes;

---
2 Unidade de Formação Acadêmica.

- Propor/rever modelos de documentação: Plano de Estágio; Projeto de Ação Profissional; Roteiro de Avaliação de Relatório; Avaliação pelo supervisor do processo de aprendizagem do estudante no campo de estágio; Avaliação pelos professores do processo de estágio; Avaliação do estudante quanto ao processo de estágio;
- Publicizar e possibilitar o acesso aos estudantes, professores e supervisores do material produzido pela Coordenação, por estudantes, por professores e do material relativo a estágio e áreas temáticas, de interesse desses segmentos;
- Organizar, em conjunto com os supervisores acadêmicos, a apresentação dos campos de estágio e/ ou experiências de práticas profissionais, objetivando a democratização de experiências entre os estudantes da faculdade, principalmente com os futuros estagiários a ser realizada ao longo do semestre; [...].

A ABEPSS (2010) prevê ainda que as atividades inerentes ao coordenador de estágio poderão ser desenvolvidas pela coordenação do curso, caso na instituição de ensino não tenha um coordenador de estágio. Sabemos que nem todas as instituições de ensino organizam de forma sistemática e planejada as atribuições da coordenação e, muitas vezes, esta é delegada ao supervisor acadêmico. Alertamos, no entanto, para o risco dessa precarização, que fragiliza a execução da supervisão de estágio nas instituições de ensino. Por outro lado, reconhecemos que ainda temos muito a contribuir para a coordenação de estágio em Serviço Social ganhar espaço no cenário da categoria profissional, bem como para conscientizar os envolvidos de que à coordenação não cabe somente a questão administrativa e operacional, mas também a construção de saberes pedagógicos que favoreçam o estágio como um processo de formação da identidade profissional do aluno.

5.3.2 Supervisor de campo

A esse profissional cabe realizar a proposta de supervisão, esclarecendo o projeto de trabalho que desenvolve, informando o número de vagas disponíveis para cada período e construindo o plano de estágio em conjunto com a instituição de ensino e com o estagiário. Segundo a Resolução n. 533/2008 do CFESS, o supervisor de campo deve manter uma cópia do plano de estágio na instituição, pertencer ao quadro da instituição concedente de estágio e assegurar o acompanhamento sistemático e contínuo do estagiário.

Ao supervisor de campo cabe ainda, segundo a Resolução 533/2008 (CFESS, 2008, p. 4), "a inserção, acompanhamento, orientação e avaliação do estudante no campo de estágio em conformidade com o plano de estágio", estando sempre em contato com a instituição de ensino a fim de realizar as adequações necessárias ao acompanhamento do estágio.

Nesse sentido, o plano de estágio é uma importante ferramenta que irá conduzir as atividades e as orientações dos supervisores durante a realização do estágio, e deve ser construído para ser um documento operacional, e não burocrático, de maneira a cumprir com as exigências legais das instituições. O papel do supervisor de campo em sua elaboração e orientação de execução é, dessa forma, de suma relevância para a supervisão direta de estágio.

A supervisão de campo requer conhecimento, compromisso, comprometimento e preparo para a atividade, visto se tratar de primordial ação para a formação de futuros profissionais. Segundo Oliveira (2004, p. 70), ela requer "um profissional que tenha competência e domínio das particularidades e habilidades inerentes à ação supervisora".

Portanto, é necessário ao supervisor de campo a compreensão de seu papel na formação do assistente social; que sua prática seja condizente com os preceitos da profissão; o domínio da informação quanto à documentação técnica e administrativa exigida para a realização do estágio supervisionado; o entendimento da necessidade de trabalho conjunto com a supervisão acadêmica.

Cabe ao supervisor de campo oportunizar a aproximação com as expressões da questão social, objeto de intervenção profissional; fomentar a criticidade e a tomada de atitude do aluno perante as ações do cotidiano em conformidade com as dimensões teórico-metodológicas, ético-política e técnico-operativa da profissão;

estabelecer um processo dialógico e de abertura para que a supervisão seja realizada em sua horizontalidade, priorizando as opiniões, as reflexões e ampliando as possibilidades de intervenção. Os espaços sócio-ocupacionais do serviço social são para o estágio supervisionado em Serviço Social uma oportunidade de desvelamento teórico-prático. Ao chegar a eles, o estagiário está repleto de expectativas e questionamentos. Com seus sentidos voltados para o fazer profissional, o supervisor de campo tem fundamental importância nesse processo no sentido de articular os saberes da profissão e promover um ambiente de discussão onde o estagiário consiga relacionar teoria e prática, sistematizar informações, bem como identificar os limites e possibilidades de intervenção em seus diversos campo de atuação.

O estágio supervisionado em Serviço Social é, como costumamos dizer, um "divisor de águas" na vida acadêmica, pois é o momento em que o aluno decide permanecer no curso ou desiste, por perceber que suas expectativas nem sempre serão correspondidas na sua totalidade.

No decorrer do curso, muitos paradigmas são rompidos. O aluno que está apto a ingressar no estágio não é o mesmo que iniciou a vida acadêmica; seu olhar para a realidade social, para as expressões da questão social e para o exercício profissional mudaram, no entanto, quando defrontado com as limitações institucionais e estruturais ele faz vários questionamentos. O papel do supervisor de campo é primordial nesse momento, chamado por Buriolla (1994, p. 28) de "processo de formação da matriz de identidade profissional e processo de ensino-aprendizagem para a vivência profissional".

> Os espaços sócio-ocupacionais do serviço social são para o estágio supervisionado em Serviço Social uma oportunidade de desvelamento teórico-prático.

Para nortear as ações do processo de supervisão, a ABEPSS designou, em 2008, papéis específicos para os entes envolvidos na supervisão de estágio, cabendo ao supervisor de campo a inserção, acompanhamento, orientação e avaliação do estudante no campo de estágio, em conformidade com o plano de estágio, elaborado em consonância com o projeto pedagógico e com os programas institucionais vinculados aos campos de estágio, garantindo diálogo permanente com o supervisor acadêmico, no processo de supervisão. (ABEPSS, 2010, p. 19-20)

O supervisor de campo deverá elaborar o plano de trabalho, no qual devem constar a proposta de supervisão e o cronograma referente às ações propostas. Por meio desse documento, o supervisor assume as responsabilidades inerentes à supervisão de estagiários de Serviço Social na busca de uma formação de qualidade e comprometida com os princípios da profissão. Para isso, deve viabilizar as condições necessárias à realização do estágio; relembrar a necessidade de proximidade entre supervisor de campo e acadêmico no acompanhamento das atividades de estágio; definir estratégias e planos para uma formação adequada ao enfrentamento dos desafios da questão social; avaliar e sugerir as adequações necessárias; realizar o controle de frequência e da documentação exigida ao estagiário.

Dentre as principais atribuições do supervisor de campo, segundo o PNE elaborado pela ABEPSS (2010, p. 22), estão:

- Oportunizar condições institucionais para o desenvolvimento das competências e habilidades do(a) estagiário(a), assumindo a responsabilidade direta das ações desenvolvidas pelo Serviço Social na instituição conveniada;
- Disponibilizar ao(à) estagiário(a) a documentação institucional e de temáticas específicas referentes ao campo de estágio; [...]
- Realizar encontros sistemáticos, com periodicidade definida (semanal ou quinzenalmente), individuais e/ou grupais com os(as) estagiários(as), para acompanhamento das atividades de estágio e discussão do processo de formação profissional e seus desdobramentos, bem como de estratégias pertinentes ao enfrentamento das questões inerentes ao cotidiano profissional;
- Participar efetivamente do processo de avaliação continuada do estagiário, juntamente, [sic] com o supervisor acadêmico; quando da avaliação semestral, emitir parecer e nota de acordo com

> instrumental qualitativo, construído pelo coletivo dos sujeitos e fornecido pela coordenação de estágio da UFA;
> - Participar das reuniões, encontros de monitoramento, avaliação e atualização, seminários, fóruns de supervisores e demais atividades promovidas pela Coordenação de Estágios da UFA, para o devido estabelecimento da unidade imprescindível ao processo pedagógico inerente ao estágio supervisionado;
> - Manter o controle atualizado da folha de frequência do estagiário, observando a carga horária exigida no respectivo nível de estágio e atestando o número de horas realizado pelo estagiário;
> - Atender às exigências de documentação e avaliação solicitadas pela Coordenação de Estagio da UFA; [...].

Vimos anteriormente que muitas são as responsabilidades do supervisor de campo e que sua supervisão não ocorre de forma isolada, mas é realizada em conjunto com o supervisor acadêmico, devendo aquele ter conhecimento específico para a supervisão tanto no que se refere à documentação e legislação específica quanto ao conhecimento teórico e técnico a respeito da atuação do assistente social e às posturas práticas condizentes com a proposta ético-política e técnico-operacional da profissão.

5.3.3 Supervisor acadêmico

Segundo afirma o CFESS na PNE (ABEPSS, 2010, p. 4), ao supervisor acadêmico cabe "orientar os estagiários e avaliar seu aprendizado, em constante diálogo com o(a) supervisor(a) de campo, visando à qualificação do estudante durante o processo de formação e aprendizagem das dimensões teórico-metodológicas, ético-políticas e técnico-operativas da profissão".

O assistente social designado como supervisor acadêmico ministrará aos alunos os conteúdos da disciplina Supervisão de Estágio, discutindo legislações, diretrizes, normativas, regulamentos, política de estágio, resoluções e todo o arcabouço teórico-metodológico para instrumentalizá-los durante o processo de estágio, por meio dos elementos de sistematização da prática, a saber: diário de campo, plano de estágio, projeto de intervenção em suas diversas fases (elaboração, execução, monitoramento e avaliação) e relatório processual descritivo. Cabe a esse profissional trabalhar as questões teórico-práticas, pontuar e ressaltar a importância da postura ética do estagiário perante as múltiplas questões evidenciadas no cotidiano dos espaços sócio-ocupacionais do assistente social, fomentar no aluno uma postura crítica e comprometida com os usuários, realizar a análise de estrutura e conjuntura e promover nos alunos o desenvolvimento de competências e habilidades durante o estágio supervisionado do Serviço Social.

Os supervisores, tanto acadêmicos como de campo, devem estar envolvidos e comprometidos com a formação dos alunos e ter clareza quanto ao papel que devem desempenhar com estes, aproximando o debate entre as interfaces da intervenção profissional. Nesse sentido, é relevante frisar que, durante sua vida acadêmica, o aluno deverá realizar a prática de estágio em conformidade com as determinações do plano pedagógico do curso, sob supervisão direta dos supervisores de campo e acadêmico.

A proximidade da supervisão acadêmica com a de campo é primordial, e é por meio dessa proximidade que avanços e reconsiderações referentes ao estágio podem ser realizados, lembrando sempre que o estágio supervisionado tem por objetivo formar habilidades para o exercício profissional.

Enfatizar o trabalho conjunto dos supervisores na formação do assistente social constitui-se, então, em premissa para a garantia da formação de qualidade. Buscando assegurar essa parceria, o CFESS (2008) determina, por meio da Resolução n. 533/2008, que:

> Art. 8º A responsabilidade ética e técnica da supervisão direta é tanto do supervisor de campo, quanto do supervisor acadêmico, cabendo a ambos o dever de:
>
> I. Avaliar conjuntamente a pertinência de abertura e encerramento do campo de estágio;
>
> II. Acordar conjuntamente o início do estágio, a inserção do estudante no campo de estágio, bem como o número de estagiários por supervisor de campo, limitado ao número máximo estabelecido no parágrafo único do artigo 3º;

III. Planejar conjuntamente as atividades inerentes ao estágio, estabelecer o cronograma de supervisão sistemática e presencial, que deverá constar no plano de estágio;

IV. Verificar se o estudante estagiário está devidamente matriculado no semestre correspondente ao estágio curricular obrigatório;

V. Realizar reuniões de orientação, bem como discutir e formular estratégias para resolver problemas e questões atinentes ao estágio;

VI. Atestar/reconhecer as horas de estágio realizadas pelo estagiário, bem como emitir avaliação e nota.

O papel do supervisor acadêmico é, para Oliveira (2004, p. 70), "o encaminhamento metodológico, orientação das situações que surgem na realidade social e seus desdobramentos". Esse aspecto de acompanhamento e contribuição reflexiva próxima e constante imprime à supervisão importância ímpar, oportunizando a concretização do entendimento da realidade pautado no embasamento teórico-metodológico e ético-político que subsidia a dimensão técnico-operativa da profissão, lembrando que durante a supervisão de estágio o aluno está muitas vezes no coletivo, discutindo, refletindo, questionando, indignando-se e posicionando-se diante das inúmeras contradições vivenciadas nos campos de estágio.

Você deve estar se questionando agora: "De que forma, então, irá ocorrer a supervisão direta de estágio no ensino superior? Como o professor, que será também meu supervisor, irá relacionar o que estou conhecendo no meu estágio com as disciplinas?".

É necessário entender que o serviço social é uma profissão que emerge do coletivo e propicia o debate, a contradição e o enfrentamento das questões diante de um processo reflexivo. Sendo assim, o supervisor acadêmico fará provocações e questionamentos no coletivo para que os demais colegas possam interagir e pensar juntos, expressar suas opiniões e apresentar argumentações sobre as questões relatadas. Em outros momentos, a supervisão direta de estágio será feita individualmente, priorizando as particularidades dos relatos de sistematização da prática trazidos pelo aluno.

Nessa perspectiva, citamos a seguir algumas das atribuições do supervisor acadêmico conforme a PNE da ABEPSS (2010, p. 20-21):

> Supervisionar as atividades desenvolvidas pelos estagiários na UFA por meio de encontros sistemáticos, com horários previamente estabelecidos, e no local de desenvolvimento do estágio, quando da realização das visitas sistemáticas aos campos de estágio, contribuindo na efetivação da supervisão direta e de qualidade, juntamente com o supervisor de campo; [...]
>
> Receber, ler, manter sigilo e observar criticamente as sínteses profissionais construídas pelos(as) estagiários(as), conduzindo a supervisão embasada em pressupostos teóricos, ético, políticos, técnico-operativos que contribuam com uma formação integral; [...]
>
> Acompanhar a trajetória acadêmica do(a) estagiário(a), no que se refere ao processo de estágio, por meio da documentação específica exigida pelo processo didático de aprendizagem da UFA;
>
> Fornecer, à coordenação de estágio ou órgão competente, os documentos necessários para compor o prontuário de cada estagiário; [...]
>
> Avaliar o estagiário emitindo parecer sobre sua frequência, desempenho e atitude ético-crítica e técnico-política no exercício do estágio, atribuindo o respectivo conceito ou à [sic] respectiva nota;
>
> Encaminhar à coordenação de estágio, relato de irregularidade ou demanda específica sobre a atuação dos campos, para efeito de realização de visita institucional.

Segundo a ABEPSS (2010), aos supervisores acadêmicos compete avaliar e orientar os estagiários, mantendo, para isso, diálogo constante com o supervisor de campo. Aqueles devem orientar os alunos quanto à política de estágio da instituição de ensino, à construção do Plano de Estágio e a dúvidas e reflexões pertinentes, bem como organizar encontros com os estagiários e visitas aos campos de estágio. Os supervisores acadêmicos tem ainda a responsabilidade de organizar encontros com os supervisores de campo a fim de atualizá-los em relação às demandas da profissão, auxiliando na realização da supervisão de campo no que tange ao conhecimento sobre esta, acompanhando aluno e supervisor na trajetória da supervisão.

A supervisão direta de estágio se configura em todas as suas fases como um momento de formar a matriz da identidade profissional do aluno, e isso deve acontecer de forma planejada, organizada, contínua, priorizando as representações vivenciadas no dia a dia do aluno no seu campo de estágio, alinhando o ensino à pesquisa realizada pelo aluno em seus espaços de intervenção, apresentando as aproximações teórico-metodológica, ético-político e técnico-operativas da profissão e dando orientações sobre estas.

Nesse momento, cabe-nos dizer que os espaços concedentes de campo de estágio são espaços vivos, dinâmicos em constante modificação, seja pela dinâmica, dos diversos serviços por eles prestados, seja pela realidade social dos usuários, carregada de representações históricas, sociais, econômicas, políticas e culturais, as quais irão exigir do supervisor a articulação entre os vários interlocutores do fazer profissional.

> Os espaços concedentes de campo de estágio são espaços vivos, dinâmicos em constante modificação, seja pela dinâmica, dos diversos serviços por eles prestados, seja pela realidade social dos usuários, carregada de representações históricas, sociais, econômicas, políticas e culturais.

Ser supervisor acadêmico implica, portanto, romper com a ideia de fragmentação, erroneamente abarcada por alguns profissionais, sobre a dicotomia entre teoria e prática, e também fazer as aproximações e reflexões com os alunos durante a supervisão direta de estágio, seja no coletivo, seja no individual. Significa ampliar e desmistificar essa relação por meio do conhecimento teórico alinhado aos fundamentos conceituais basilares da profissão, articulando estes ao fazer profissional expresso no cotidiano, na dinâmica institucional, nas relações de força, nos atores envolvidos no processo do exercício profissional.

A supervisão acadêmica faz sentido quando consegue proferir os diversos saberes que se articulam na academia com a prática investigativa, interventiva e propositiva do assistente social, despertando no aluno a proposição, a tomada de atitude e o interesse pelo aprofundamento teórico que será expresso durante a realização de suas atividades no estágio – como na elaboração, na execução, no monitoramento e na avaliação do seu projeto de intervenção – para superar a imediaticidade e compreender a totalidade das ações do exercício da profissão.

5.3.4 Estagiário

Falaremos agora sobre o papel do estagiário, suas principais responsabilidades e atribuições para que possa realizar o estágio supervisionado em Serviço Social de maneira comprometida e em consonância com as orientações da legislação vigente, como na PNE (ABEPSS, 2010), na qual é definido como "sujeito investigativo, crítico e interventivo".

Você deve estar se perguntando: "Como ser um sujeito ativo no meu campo de estágio?", "Será que vou conseguir conhecer a realidade social e identificar as expressões da questão social e garantir os direitos dos usuários que procuram o atendimento nos diversos espaços sócio-ocupacionais do Serviço Social?".

Para que o leitor não fique angustiado e com muitas expectativas, é importante entender que o estágio em Serviço Social ocorre em fases, cada qual com uma intencionalidade, e se formaliza por meio da aproximação com a realidade da instituição concedente de campo de estágio e com a política pública na qual está inserida, oportunizando conhecer os programas, planos e projetos da instituição e do Serviço Social, além do plano de trabalho do assistente social, seu objetivo, seu público-alvo, a rede de serviços socioassistenciais e a equipe interdisciplinar, construindo o plano de estágio em conjunto com os supervisores de campo e acadêmico.

Há portanto uma necessidade de o estagiário primeiro compreender a dinâmica institucional, e para isso deve se utilizar da observação sistemática, bem como de leituras e aproximações com as disciplinas e as dimensões da profissão. Somente após esse primeiro momento ele identificará e priorizará uma expressão da questão social que é foco de seu projeto de intervenção, buscando ser investigativo, propositivo e criativo. Precisamos, então, refletir a respeito do estagiário como um sujeito investigativo, crítico e interventivo.

Compreender o sujeito como norteador e autor de sua história nos instiga a entendê-lo como responsável por seu processo de aprendizagem, reconhecendo que esta se dá em uma realidade social que necessita ser desvelada pela investigação e pela pesquisa, pautadas no conhecimento histórico das contradições e dos interesses que as permeiam, para, a partir daí, realizar sua proposta interventiva com vistas à transformação da situação apresentada.

O estagiário, os usuários dos serviços sociais e os supervisores estão carregados de historicidade e singularidade, e essas relações – que, em princípio, podem parecer conflituosas – são necessárias para aguçar a pró-atividade do aluno, de modo que ele consiga respeitar a pluralidade e transpor o senso comum, ampliando a compreensão para os desdobramentos do exercício profissional.

Segundo o PNE (ABEPSS, 2010, p. 20), cabe ao estagiário

> conhecer e compreender a realidade social, inserido no processo de ensino-aprendizagem, construindo conhecimentos e experiências coletivamente que solidifiquem a qualidade de sua formação, mediante o enfrentamento de situações presentes na ação profissional, identificando as relações de força, os sujeitos, as contradições da realidade social.

Precisamos deixar bem claro que o papel do estagiário ao realizar seu estágio supervisionado é de grande responsabilidade, devendo ele, segundo a ABEPSS (2010, p. 20), estar comprometido com os "preceitos ético-legais da profissão e as normas da instituição campo de estágio". Isso significa que os preceitos ético-legais da profissão não podem ser feridos na realização do estágio e que as normas da instituição concedente de estágio devem ser observadas. Qualquer inobservância quanto a eles deverá ser comunicada aos supervisores e coordenador do estágio.

O ingresso no estágio cria expectativas, como já falamos anteriormente, e nesse universo novo para a vida acadêmica algumas vezes o estagiário vê na figura do assistente social o "salvador da pátria", sempre resolutivo perante as demandas dos usuários, ou idealiza a instituição como resolutiva na emancipação social do sujeito, o que na maior parte das vezes não ocorre por vários fatores — como limites institucionais, práticas de alguns profissionais pautada em teorias positivistas de ajustamento social, falta de recursos físicos, materiais, econômicos e humanos. Esses fatores podem gerar no estagiário questionamentos que se não forem trabalhados pelos supervisores de forma pontual podem causar posturas reducionistas, julgadoras e antiéticas, o que de forma alguma deve ser tolerado pelos profissionais. O estagiário precisa realizar a leitura crítica, mas sem passar por cima dos preceitos éticos legais da profissão.

Exige-se do assistente social uma postura crítica e proativa, e nesse entendimento o estagiário deve sugerir e propor ações que possam contribuir com a melhoria de sua formação profissional, agindo, segundo a ABEPSS (2010), com competência técnica e política, sempre com o apoio da supervisão de estágio, deixando claro que a responsabilidade relativa ao estagiário em campo de estágio é dos supervisores de campo e acadêmico, sendo suas atividades e decisões acompanhadas diariamente. O estagiário também tem a responsabilidade de informar sobre sua frequência e os trabalhos a ele solicitados, participando ativamente das supervisões acadêmica e de campo.

Dentre as atribuições do estagiário propostas pela PNE (ABEPSS, 2010, p. 23-24) estão:

- Apresentar sugestões, proposições e pedido de recursos que venham a contribuir para a qualidade de sua formação profissional ou, especificamente, o melhor desenvolvimento de suas atividades;
- Agir com competência técnica e política nas atividades desenvolvidas no processo de realização do estágio supervisionado, requisitando apoio aos supervisores, de campo e acadêmico, frente a um processo decisório ou atuação que transcenda suas possibilidades; [...]
- Realizar seu processo de estágio supervisionado em consonância com o projeto ético-político profissional;
- Reconhecer a disciplina de Estágio Curricular em Serviço Social como processo e elemento constitutivo da formação profissional,

cujas estratégias de intervenção constituam-se na promoção do acesso aos direitos pelos usuários;

- Participar efetivamente das supervisões acadêmicas e de campo, tanto individuais como grupais, realizando o conjunto de exigências pertinentes à referida atividade;
- Comprometer-se com os estudos realizados nos grupos de supervisão de estágio, com a participação nas atividades concernentes e com a documentação solicitada

> O estágio é o momento em que o aluno faz as aproximações entre a teoria e a prática, em que deve pensar cientificamente e articular os conhecimentos adquiridos desde o início da vida acadêmica para compor suas reflexões, proposições e tomadas de atitude perante as demandas expressas nos campos de estágio.

Vale ressaltar que o processo de supervisão engloba vários sujeitos e um não existe sem o outro. Ele precisa ter interface e ser balizado de acordo com os limites e possibilidades tanto das instituições de ensino como das unidades concedentes de campo de estágio para que se faça um trabalho em parceria, preocupado com a formação e com o tipo de profissional que se quer formar. Esse questionamento é primordial para que a supervisão não perca sua característica dinâmica, dialética e propositiva. Por outro lado, os alunos devem ser ouvidos e envolvidos de forma horizontal e coletiva para atuarem juntos como agentes ativos, dinâmicos e comprometidos com o processo de formação.

O estágio é o momento em que o aluno faz as aproximações entre a teoria e a prática, em que deve pensar cientificamente e articular os conhecimentos adquiridos desde o início da vida acadêmica para compor suas reflexões, proposições e tomadas de atitude perante as demandas expressas nos campos de estágio. O estagiário precisa fazer as articulações conceituais, a leitura e a análise da realidade social imposta no cotidiano profissional de forma sistemática, organizada e planejada. Para isso, não se pode se esquecer que o estágio em Serviço Social é uma disciplina e, por isso, tem um caráter curricular e pedagógico que implica desenvolver atividades contínuas realizadas pelos alunos e o monitoramento e a avaliação pelo supervisor de campo e pelo supervisor acadêmico, que no ensino a distância é acompanhado pelo tutor do polo presencial, o qual realiza a supervisão acadêmica.

5.3.5 Usuário dos serviços

O compromisso do serviço social com os usuários diz respeito à efetivação da garantia de direitos e à emancipação dos sujeitos.

O usuário dos serviços tem um importante papel na formação do assistente social, devendo o estagiário, segundo Lewgoy (2010), apropriar-se do conhecimento da realidade, da instituição e dos usuários no processo de estágio.

O contato com os usuários dos serviços oportuniza a formação pautada em postura ética consonante com o Projeto Ético-Político da profissão. O assistente social trabalha, nos diferentes espaços sócio-ocupacionais, com as contradições geradas pelo sistema de produção capitalista, sendo convocado a nelas atuar. É de suma importância que o profissional acompanhe os processos sociais e pesquise a realidade social dos usuários do serviço social, sendo esses requisitos, para Iamamoto (2013 p. 101), "encarados como componentes indissociáveis do exercício profissional".

A condução do trabalho do assistente social com os usuários dos serviços deve se pautar na percepção do sujeito de direitos, inserido em realidade de exploração do trabalho e expropriação de direitos. Apreender a questão social é, segundo Iamamoto (2013, p. 76), "apreender como os sujeitos a vivenciam. Desvelar, portanto, as condições de vida e de resistência da população usuária dos serviços com a qual o estagiário tem contato em campo de estágio constitui-se em elemento formador.

5.3.6 Debate sobre o estágio supervisionado, a supervisão de estágio e o ensino do Serviço Social

Vimos que o estágio é o momento em que se consolida a formação do assistente social e que a supervisão acompanha e potencializa esse momento, contribuindo para a efetivação do aprendizado e a criação de habilidades específicas do assistente social. Devemos, no entanto, refletir a respeito do ensino do Serviço Social e de sua relação com a prática encontrada nos campos de estágio e com a supervisão realizada pela instituição de ensino e instituição concedente de estágio.

A respeito da formação do assistente social, Pinto (1997, p. 1) nos alerta quanto à dificuldade encontrada pelas instituições de ensino superior em "trazer para seu interior a discussão das mudanças atuais e futuras da prática profissional e institucional, buscando compor a substância da própria formação". Diante da afirmação da autora, cabe-nos questionar a relação entre formação e prática. Quais são as dificuldades encontradas para que a atuação do assistente social esteja em consonância com o suporte teórico-metodológico da profissão? Como e de que forma a prática exercida cotidianamente se dissociou das discussões teóricas promovidas no ambiente acadêmico?

São inúmeros os questionamentos sobre o arcabouço teórico proferido e disseminado nas instituições de ensino. Não podemos esquecer que estas obedecem a diretrizes curriculares e a todas as normativas das Leis de Diretrizes e Bases da Educação Nacional (LDBEN) – Lei n. 9.394, de 20 de dezembro de 1996 (Brasil). No entanto, elas nem sempre conseguem se articular com as práticas exercidas pelos assistentes sociais em seus espaços socioassistenciais, seja por motivos institucionais, que por vezes planejam e determinam as ações dos programas e projetos, criando critérios e monitoramento funcionalistas, seja por limitações do próprio profissional, que se distanciou das discussões da categoria e, reproduzindo e representando os interesses da instituição.

O ensino de serviço social articula-se por meio das Diretrizes Curriculares para o Curso de Serviço Social (ABEPSS, 1996) e pelas Diretrizes Curriculares para os cursos de Serviço Social (Brasil, 2002), entendendo como indissociáveis os núcleos que fundamentam a formação do assistente social (Núcleo de Fundamentos Teórico-metodológicos da Vida Social, Núcleo de Fundamentos da Particularidade da Formação Sócio-histórica da Sociedade Brasileira e Núcleo de Fundamentos do Trabalho Profissional).

Os núcleos estruturantes do currículo do curso de Serviço Social, por meio das suas disciplinas e de sua fundamentação teórica, não são construídos distantes da realidade expressa em cada período histórico e no contexto social contemporâneo. Sendo assim, quando nos reportamos a teorias positivistas, seja com base no estrutural-funcionalismo, seja no existencialismo, não podemos negar a importância das diversas teorias das ciências sociais na organização e na sistematização das práticas do serviço social no contexto sócio-histórico da profissão, pois ainda hoje influenciam a organização de instituições e programas de políticas públicas, que afetam diretamente a atuação do assistente social. É nesses espaços sócio-ocupacionais que, por vezes, os estagiários se veem confrontados ao evidenciar práticas com cunho positivista, estrutural e funcionalista, que apregoam o ajustamento social e a reinserção do indivíduo na sociedade, como se a raiz do problema fosse o usuário, e não as mazelas do sistema capitalista.

Diante das alterações significativas que ocorreram no cenário nacional na década de 1990 perante a produção e a reprodução da vida social, a ABEPSS propôs a revisão do currículo, contemplando assim a posição da categoria a favor da classe trabalhadora e adotando a teoria social-crítica. Nesse contexto, ao falarmos de educação em serviço social, nós a entendemos como pautada num arcabouço estruturado e pensada da seguinte forma:

1. O Serviço Social se particulariza nas relações sociais de produção e reprodução da vida social como uma profissão interventiva no âmbito da questão social, expressa pelas contradições do desenvolvimento do capitalismo monopolista.

2. A relação do Serviço Social com a questão social – fundamento básico de sua existência – é mediatizada por um conjunto de processos sócio-históricos e teórico-metodológicos constitutivos de seu processo de trabalho.

3. O agravamento da questão social em face das particularidades do processo de reestruturação produtiva no Brasil, nos marcos da ideologia neoliberal, determina uma inflexão no campo profissional do Serviço Social. Esta inflexão é resultante de novas requisições postas pelo reordenamento do capital e do trabalho, pela reforma do Estado e pelo movimento de organização das classes trabalhadoras, com amplas repercussões no mercado profissional de trabalho.

4. O processo de trabalho do Serviço Social é determinado pelas configurações estruturais e conjunturais da questão social e pelas formas históricas de seu enfrentamento, permeadas pela ação dos trabalhadores, do capital e do Estado, através das políticas e lutas sociais. (ABEPSS, 1996, p. 5-6)

Entender como se configura o estágio supervisionado em Serviço Social durante o curso é uma atitude indissociável do processo educativo e operativo, referentes à formação profissional, subsidiada pelas Diretrizes Curriculares de 1996 e 2002. Nessa linha, um dos princípios que norteiam a formação profissional das Diretrizes Curriculares (ABEPSS, 1996, p. 6) é o seguinte:

- Superação da fragmentação de conteúdos na organização curricular, evitando-se a dispersão e a pulverização de disciplinas e outros componentes curriculares;
- estabelecimento das dimensões investigativa e interventiva como princípios formativos e condição central da formação profissional, e da relação teoria e realidade, [...].

Percebemos aí a construção de um currículo que prioriza a interlocução, a interface e a articulação entre a teoria e prática, não concebendo as disciplinas de forma isolada. Diante disso, cabe-nos ressaltar que o estágio é uma disciplina com características específicas e não pode se distanciar dos conteúdos e do processo educativo para que possa assumir seu caráter investigativo e interventivo. Para fecharmos a questão sobre os princípios, precisamos citar ainda a indissociabilidade entre estágio e supervisão acadêmica e profissional.

O estágio insere-se, então, na realidade social dos diferentes espaços sócio-ocupacionais onde os assistentes sociais atuam, que refletem as desigualdades e as necessidades de uma população alijada de seus direitos e explorada como classe trabalhadora, e onde o assistente social, também trabalhador, necessita mediar, articular e manter seu campo de trabalho, pressionado por regras e exigências institucionais, ao mesmo tempo que se posiciona ou tenta se posicionar comprometido com as orientações ético-políticas da profissão.

Nessa realidade, tanto acadêmica quanto dos campos de estágio, os supervisores têm como compromisso desmistificá-la, refletir sobre ela, sugerir intervenções aproximar-se dela, transformá-la, autotransformar-se, dar suporte para a implementação de ações interventivas, implantar projetos que busquem transformá-la e garantir direitos e fazer acontecer a supervisão de estágio. Muitos desafios, não é mesmo? Para isso, é necessário o aprofundamento das discussões relacionadas aos desafios que se apresentam à formação, ao estágio e à supervisão.

Devemos aqui pontuar os desafios tanto da educação presencial quanto da educação a distância, compreendendo os desafios dessa segunda modalidade na contemporaneidade, à qual muitos profissionais da categoria resistem, esquecendo-se, por vezes, que a boa qualidade do ensino deve ser prioridade nos cursos de bacharelado em Serviço Social. Nos casos do estágio supervisionado, a legislação e a regulação são as mesmas para ambas as modalidades, razão por que se faz imperativo contextualizar que em muitos estados brasileiros a única forma de cursar o ensino superior é por meio da modalidade a distância de instituições privadas, tendo em vista que as universidades federais e estaduais não estão presentes em todo o território nacional. Nesse cenário, devemos, sim, lutar pelo ensino com qualidade e gratuito, favorecendo o acesso a quem tiver interesse pela educação superior. Precisamos ampliar nosso olhar para conhecer e pesquisar sobre novas formas de ensino superior que sejam inclusivas, democráticas, críticas e promovam uma formação de boa qualidade.

Síntese

Iniciamos este capítulo abordando o contexto histórico da supervisão em serviço social com forte influência das ciências sociais, da psicanálise e da pedagogia. Compreendemos que ela se faz num processo de transformações para atender as demandas da profissão, e que somente a partir da década de 1990, com as novas diretrizes curriculares e as orientações da PNE da ABEPSS (2010), a supervisão assumiu de fato seu caráter pedagógico e abriu a discussão para todos os agentes envolvidos no processo, definindo as atribuições de cada sujeito na formação teórico-prática do assistente social.

Além disso, contextualizamos a Lei n. 11.788/2008 como importante conquista na regulação e na normatização dos estágios e ampliamos a discussão para o curso de Serviço Social, no qual se fez presente a abordagem educativa e de formação dos estágios, razão por que estes não são vistos como espaço de trabalho precarizado.

Apresentamos o estágio supervisionado como momento que prioriza as aproximações com as expressões da questão social nos diversos espaços sócio-ocupacionais onde o aluno se insere, buscando o planejamento e a intervenção perante estas. Ressaltamos que o estágio deve ser supervisionado diretamente por um profissional devidamente habilitado e que o estágio obrigatório é considerado uma das disciplinas do curso de Serviço Social.

Finalizamos falando sobre o debate a respeito de estágio supervisionado, supervisão de estágio e ensino no serviço social, trazendo em tela algumas temáticas recorrentes, como práticas funcionalistas e conservadoras nos espaços sócio-ocupacionais do assistente social; campos de estágio precarizados por limites institucionais; dicotomia entre teoria e prática e, consequentemente, entre supervisão acadêmica e de campo. Comentamos ainda, a importância de estreitar a discussão sobre a formação em Serviço Social, seja no ambiente acadêmico, seja no espaço de intervenção profissional.

Questões para revisão

1. A partir de que década a supervisão passou a ser entendida como processo de formação profissional?
   a) Década de 1930.
   b) Década de 1940.
   c) Décadas de 1970-1980.
   d) Década de 1990.

2. Com relação ao estágio não obrigatório no curso de Serviço Social, a Política Nacional de Estágio (PNE) orienta que somente poderá ingressar no estágio o aluno que:
   a) tenha sido aprovado em todas as disciplinas do primeiro e do segundo ano do curso.
   b) tenha concluído as disciplinas de Fundamentos Histórico--Teórico-Metodológicos do Serviço Social e de Ética Profissional.
   c) tenha cursado dois anos do curso, independentemente de ter ou não concluído a disciplina de Fundamentos Histórico-Teórico-Metodológicos do Serviço Social.
   d) tenha cursado dois anos do curso, independentemente de ter ou não concluído a disciplina de Ética Profissional.

3. O estágio supervisionado é uma disciplina que compõe o currículo do aluno de Serviço Social. Assinale V nas afirmativas verdadeiras e F nas falsas a respeito das orientações em que o curso deve estar pautado conforme as diretrizes curriculares.
   ( ) Estar em consonância com os núcleos de fundamentação da formação profissional contidas nas Diretrizes Curriculares de 1996.
   ( ) Priorizar o ensino prático e a formação da identidade profissional exclusivamente nos campos de intervenção.

( ) Realizar a mediação entre a teoria e a prática, que deve permear toda a formação profissional.
( ) Propor uma lógica curricular que supere a fragmentação do processo de ensino e aprendizagem.

Assinale a alternativa que corresponde à sequência correta:
a) V, V, F, F.
b) V, F, V, V.
c) V, V, F, V.
d) F, F, V, F.

4. Como deve ser a supervisão direta no estágio supervisionado em Serviço Social?

5. Quais são as atribuições do estagiário durante o estágio supervisionado em Serviço Social?

Questão para reflexão

1. Como o estágio supervisionado em Serviço Social pode, por meio da orientação dos supervisores de campo e acadêmico, contribuir para a formação da identidade profissional do aluno?

Para saber mais

BURIOLLA, M. A. F. Supervisão em Serviço Social: o supervisor, sua relação e seus papéis. São Paulo: Cortez, 1994.
A autora realiza, nessa obra, um estudo sobre o papel dos supervisores no processo de formação do assistente social e a importância da concepção de supervisão desde sua gênese. Ela inicia a discussão focando a década de 1990, momento que marca de forma específica a nova configuração do estágio e da supervisão em Serviço Social.

CAPÍTULO 6

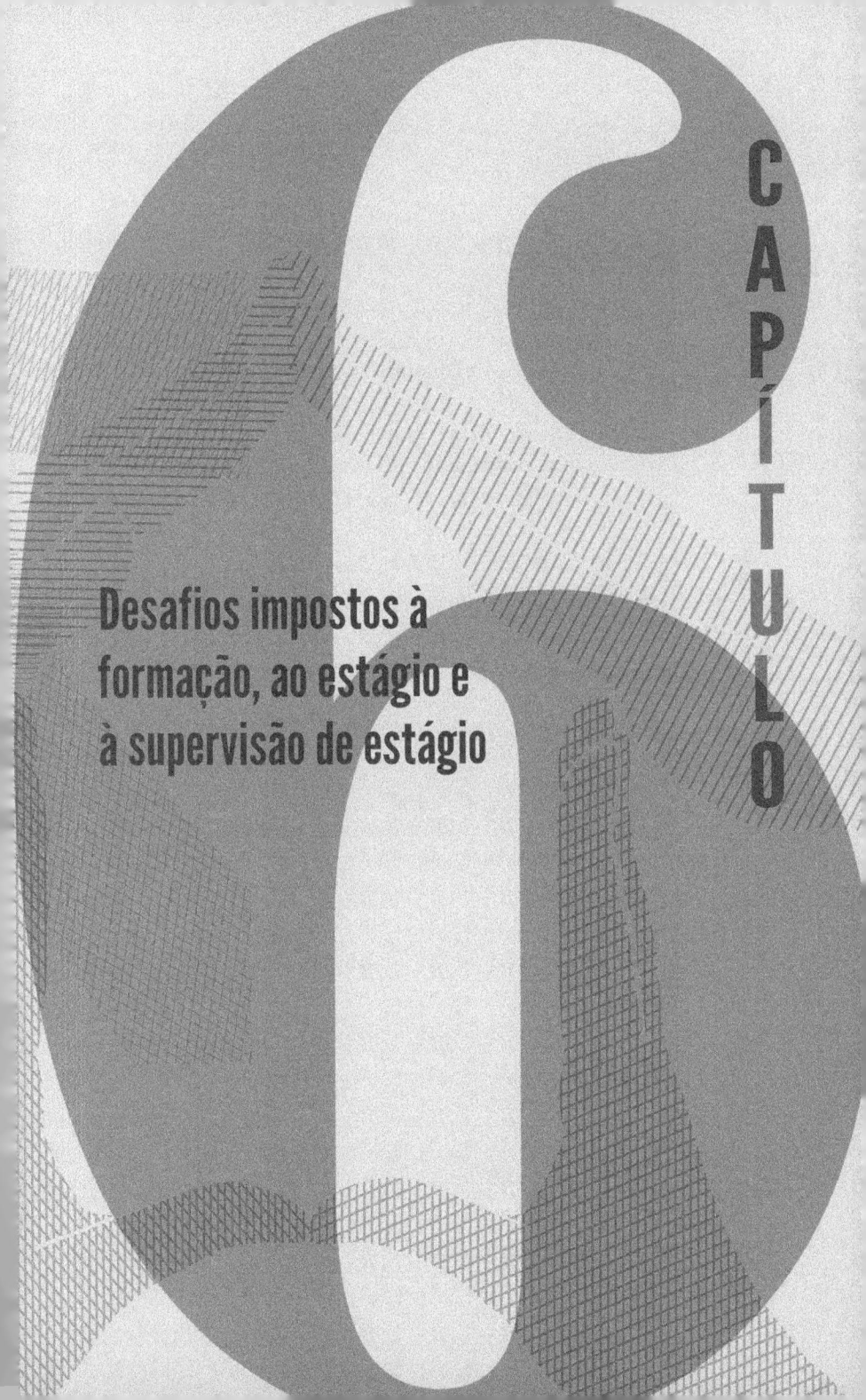

Desafios impostos à formação, ao estágio e à supervisão de estágio

Conteúdos do capítulo:

- Desafios do ensino do serviço social na contemporaneidade.
- Desafios para a concretização do estágio em Serviço Social.
- Desafios impostos à supervisão acadêmica.
- Desafios impostos à supervisão de campo.
- Desafios impostos ao estagiário.

Após o estudo deste capítulo, você será capaz de:

1. compreender os desafios do ensino do serviço social na contemporaneidade, em um sistema capitalista de produção;
2. perceber os desafios da viabilização do estágio supervisionado em Serviço Social;
3. discutir os principais desafios presentes nas supervisões de campo e acadêmica;
4. compreender os limites e as necessidades de superação do estagiário em seu processo de aprendizagem.

Neste capítulo temos como objetivo apresentar e levar o leitor a refletir sobre os desafios impostos à formação do estagiário, ao estágio e à supervisão de estágio, entendendo que dizem respeito às fragilidades de formação, informação e compromisso e que impactam diretamente na qualidade do estágio supervisionado e na formação do assistente social.

Apresentaremos, para tanto, as atuais adversidades encontradas na formação em Serviço Social; os obstáculos para a concretização do estágio em Serviço Social, que requer compreender a indissociabilidade entre teoria e prática; os desafios impostos à supervisão acadêmica, à supervisão de campo e ao estagiário.

6.1 Desafios da formação em Serviço Social na contemporaneidade

Ao longo deste livro, abordamos vários aspectos que englobam a formação em Serviço Social, sua historicidade e relevância em cada contexto sócio-histórico. As alterações e reflexões sobre o curso de Serviço Social sempre foram pautadas em atualizações teóricas e metodológicas, com forte direcionamento para o fazer profissional, como relatado no Capítulo 1 desta obra.

A maturidade que os assistentes sociais têm na atualidade para dialogar e propor intervenções ante as inúmeras questões impostas à profissão se deve em grande parte às discussões e proposições feitas na década de 1960 e, com maior ênfase, na de 1990, quando, por meio da Lei n. 8662, de 7 de junho de 1993 (Brasil, 1993), do Código de Ética de 1993 (CFESS, 1993) e das Diretrizes Curriculares de 1996 (ABEPSS, 1996), o serviço social adotou a teoria social crítica como base teórica para seu processo de formação, bem como se posicionou a favor da classe trabalhadora.

Essa nova orientação rompeu com o conservadorismo da profissão, porém ainda na contemporaneidade enfrentamos o desafio de conseguir romper com paradigmas historicamente enraizados em práticas funcionalistas para adotar o método marxista, considerando sua contradição diante da sociedade capitalista e dos meios de produção. Compreender esse processo contraditório exige do profissional postura e comprometimento ético, na busca por erradicar práticas conservadoras, messiânicas e imediatistas. Não podemos esquecer que as novas configurações do mundo do trabalho afetam significativamente a formação e o ensino em serviço social.

Segundo Lewgoy (2010, p. 19), em época de globalização e rapidez de informações, o mercado exige um profissional "criativo, bem informado e capacitado" no desempenho de suas atividades e atento aos princípios do Código de Ética do/a Assistente Social. Contudo, essa exigência encontra obstáculos na dinâmica do sistema capitalista de produção, que visa à obtenção de lucros com o menor investimento possível, o que leva ao sucateamento das instituições de ensino e, consequentemente, ao comprometimento da qualidade de formação.

Vivenciamos um governo neoliberal, cuja proposta se baseia na lógica do mercado livre, sem intervenção direta do Estado. Nesse sentido, as instituições públicas de ensino convivem diariamente com o sucateamento de seus recursos, diante da transformação das atividades educativas, segundo Catani (2002), em um negócio que deve se submeter às exigências do mercado de lucro e oferecimento de serviços, com clara inclinação à satisfação dos interesses dos grupos dominantes.

A reforma do Estado brasileiro propõe a modernização e a racionalização das atividades do Estado, no qual as funções ligadas à educação estão inseridas no setor de serviços não exclusivos do Estado, podendo ser oferecidos por instituições prestadoras de serviços.

A formação dos estudantes nos diferentes níveis, desde o ensino fundamental, dá-se, então, pela lógica de mercado, que prioriza o ensino privado, considerado "de melhor qualidade". Essa afirmação se comprova pelo significativo aumento de instituições privadas no mercado da educação.

O crescimento da oferta de cursos por instituições privadas vem se acentuando no Brasil. Nesse sentido, Boschetti (2015, p. 645) afirma:

> A expansão dos cursos e matrículas favorece assustadoramente o ensino privado lucrativo. De acordo com o Censo do Ensino Superior, publicado pelo Ministério da Educação (MEC, 2013), em 2013 o Brasil contava com 7.037.688 alunos matriculados em 31.866 cursos de graduação. Esses cursos se concentravam em 2.416 instituições, sendo a esmagadora maioria privada (2.112 ou 87,41%) e somente 304 (12,59%) públicas.

Você pode perceber, pelos dados apresentados, que a expansão de instituições privadas facilita o acesso às faculdades. Porém, isso exige dos órgãos competentes maior comprometimento e monitoramento para assegurar a todos um ensino de qualidade, e não apenas que atenda às exigências do mercado.

Nesse universo, não podemos deixar de citar o ensino a distância como um dos desafios do ensino na contemporaneidade. Segundo a mesma autora,

> O ensino de graduação a distância (EAD) está em momento de franca expansão no âmbito das instituições privadas e, em menor ritmo, também nas universidades públicas. De acordo com o mesmo Censo do Ensino Superior de 2013, o EAD conta com mais de 1,2 mil cursos a distância no Brasil e concentra aproximadamente 15% das matrículas de graduação. O Serviço Social concentra o terceiro maior contingente de matrículas nos cursos de graduação a distância, conforme Censo do Ensino Superior, depois de Pedagogia e Administração: Pedagogia concentra 34,2% das matrículas em EAD; Administração responde por 27,3%; Serviço Social, por 8,1%; [...]. Essa expansão atinge diretamente o Serviço Social, que saltou de 70 mil profissionais em 2006 para 135 mil ao final de 2013 e 150 mil em 2015, ou seja, em nove anos (2006-2015) alcançou um quantitativo superior àquele formado em sete décadas (1936-2006). (Boschetti, 2015, p. 646)

Essa crescente procura pelo ensino a distância gera um aumento significativo na quantidade de profissionais que são lançados ao mercado de trabalho, sendo outro desafio da contemporaneidade

> É preciso ampliar o olhar sobre a relação entre instituição de ensino e formação profissional, compreendendo que esta não ocorre somente dentro das universidades, mas também durante o estágio supervisionado em Serviço Social, os cursos de extensão e as demais atividades desenvolvidas na graduação.

pensar o ensino inclusivo, que promova o acesso à educação, mas mantenha o compromisso, a profundidade e a oportunidade de reflexão crítica.

Nesse sentido, as novas tecnologias de aprendizagem são ferramentas importantes para a universalização do ensino, considerando que atualmente o aluno é protagonista do processo de ensino-aprendizagem e por meio de novas tecnologias e de metodologias ativas[1] constrói e articula os saberes em prol de sua formação profissional.

A respeito dos modelos de metodologias ativas, Silva (2013, p. 1) afirma:

> Há diversos modelos de metodologias ativas disponíveis no mercado, entre as quais estudos de caso, aula-laboratório, trabalhos em grupos, simulações, aprendizagem baseada em problemas ou projetos (PBL), entre outras. O sucesso de qualquer uma delas, no entanto, depende de uma radical mudança na atuação do professor em sala de aula.

Cabe-nos reconhecer aqui a preocupação de algumas instituições de ensino superior em formar, capacitar e provocar os profissionais, professores, tutores e conteudistas por meio de novas metodologias, de material didático adequado e de debates permanentes sobre a qualidade da formação dos alunos, em consonância com as exigências postas à educação.

---

[1] Com o objetivo de despertar a autonomia e a motivação dos alunos, as metodologias ativas de aprendizagem "têm o potencial de despertar a curiosidade, à medida que os alunos se inserem na teorização e trazem elementos novos, ainda não considerados nas aulas ou na própria perspectiva do professor" (Berbel, 2011, p. 28).

Abrimos aqui um parênteses para mencionar a obra *A escola que sempre sonhei sem imaginar que pudesse existir*, do Rubem Alves[2], na qual o autor relata sua experiência com a Escola da Ponte, em Portugal, uma instituição democrática, solidária e de proposta inovadora, bem diferente das escolas tradicionais, disciplinadoras e conteudistas, nas quais o foco é o professor. Fazendo uma analogia entre a Escola da Ponte e o ensino a distância, podemos pensar numa escola contemporânea pautada em novas tecnologias de aprendizagem, onde o conhecimento seja uma ponte para a construção dos saberes e o foco esteja sobre os alunos.

O que devemos discutir inicialmente é se as instituições de ensino superior estão cumprindo com seu compromisso de formar os futuros profissionais a saber fazer e a saber pensar, pautados nas dimensões ético-políticas, teórico-metodológicas e técnico-operativas que embasam a profissão de serviço social.

É preciso ampliar o olhar sobre a relação entre instituição de ensino e formação profissional, compreendendo que esta não ocorre somente dentro das universidades, mas também durante o estágio supervisionado em Serviço Social, os cursos de extensão e as demais atividades desenvolvidas na graduação.

No exercício da profissão, quando acontecem as aproximações com a realidade social e a organização de programas e projetos relacionados às políticas públicas vigentes, o assistente social precisa estar comprometido com sua educação permanente. Nesse sentido, a proximidade e a reciprocidade com as instituições de ensino são de fundamental importância para a troca de saberes, propondo em conjunto (profissional e academia) pesquisas e ações propositivas perante a realidade imposta no contexto contemporâneo, o que reforça a necessidade da produção do conhecimento em serviço social, imprimindo uma identidade própria da categoria.

---

2 Rubem Azevedo Alves foi um psicanalista, educador, teólogo e escritor brasileiro. Escreveu livros religiosos, educacionais, existenciais e infantis. É considerado um dos principais pedagogos do Brasil

O processo formativo do serviço social não deve, segundo Lewgoy (2010, p. 27), ser entendido "como propriedade conferida pelo sistema educativo aos sujeitos sociais, mas como relação social que articula várias dimensões advindas das transformações e exigências do mundo e do mercado de trabalho". Mais uma vez, percebemos que existe uma articulação entre os saberes e as exigências impostas pelas constantes transformações dos complexos sociais na atualidade e que precisamos decifrar essas alterações e sermos propositivos diante dos diversos embates sobre a relação educação e trabalho, um desafio para o ensino em serviço social.

No cenário atual, em que intervenções do Estado neoliberal ampliam as reformas concernentes às políticas sociais e, consequentemente, diminuem os direitos constitucionais, como de previdência social, trabalhistas e de assistência social, são inúmeras as incertezas dos assistentes sociais sobre como realizar os enfrentamentos para garantir os direitos da classe trabalhadora.

É durante o exercício profissional que o assistente social se depara com as contradições das relações de trabalho e vivencia o impacto da perda de direitos sociais pelos usuários dos serviços. Nesse mesmo espaço se insere o aluno do estágio supervisionado, momento em que compete reflexões e aproximações teórico-práticas para compreender o processo sócio-histórico da sociedade e da profissão e as contradições que permeiam a dimensão formativa e interventiva do Serviço Social.

Como o Serviço Social é uma área que atua no enfrentamento da questão social, sendo propositora, articuladora e operadora das políticas sociais, atuando na formação de políticas públicas e na gestão das políticas sociais, o assistente social não deve se limitar a uma prática burocrática, rotineira, que não traduza o entendimento ideológico e o comprometimento político da profissão. Isso requer dele uma formação de qualidade, visto que muitos são os desafios a enfrentar, mas infinitas são as possibilidades de superação.

A respeito dos desafios impostos ao Serviço Social, Rodrigues e Carmo (2010) argumentam que o assistente social deve agir com criatividade para decifrar a realidade e assim construir propostas a partir das demandas que surgem no mercado de trabalho.

Faz-se necessário, portanto, formar profissionais para além das necessidades de mercado, visto que, segundo Rodrigues e Carmo o processo de formação visa adequar o projeto político-profissional

> aos desafios da conjuntura e dos processos sociais, de modo que qualifique o exercício profissional e a formação profissional do mesmo, bem como compreender as determinações e as múltiplas expressões da questão social, a ampliação da precarização das relações de trabalho e criar processo de uma nova cidadania, voltada para atender os setores de direito. (2010, p. 187-188)

Você pode estar se questionando agora: "Como o assistente social poderá exercer sua profissão nesse cenário econômico, político e social e propor intervenções para garantir os direitos dos usuários que atende?".

Infelizmente, não temos respostas prontas para tais questões. Mas, considerando que as ações profissionais compreendem um universo de conjuntura e estrutura, acreditamos que saber ler esse cenário é fundamental para as ações da categoria profissional. Segundo Ortiz (2016, p. 163):

> A análise crítica da realidade nos possibilita entender que, embora sejamos requisitados para solucionar o que é em grande medida insolúvel e de que nossa intervenção se dê no âmbito insuprimível do cotidiano – o qual nos põe demandas imediatas que exigem respostas também imediatas –, nos é possível superar o" imediatismo simplista" por meio de uma prática que seja capaz de acionar as diversas dimensões presentes em nossa profissão [...] qualificando a ação profissional à medida que colhe das demandas imediatas as possibilidades reais para o agir competente e para a construção de ações coletivas de intervenção.

Sendo assim, os desafios da contemporaneidade têm exigido cada vez mais a capacitação e atualização do profissional em serviço social. Para Oliveira (2004), esse processo de formação é contínuo, inacabado, permanente e não se alinha a uma universidade denominada operacional para Chaui (2003), na qual se definem os padrões e as normas alheios ao conhecimento, pautados em estratégias, contratos de gestão, produtividade e flexibilização de contratos de trabalho que não priorizam a exclusividade dos docentes às atividades educacionais.

Esse modelo de instituição formadora impõe exigências que não dizem respeito à produção e à reflexão crítica do conhecimento repassado e produzido, fragilizando ensino e pesquisa ao não indagar o que se produz, para que se produz, para quem se produz e como se produz o conhecimento, mantendo o foco apenas na quantidade e no lucro. Exemplo disso é o condensamento de turmas para economizar na mão de obra do professor e o não cumprimento, por parte de algumas instituições de ensino, das orientações da Política Nacional de Estágio – PNE (ABEPSS, 2010), ao não considerar a necessidade de mais de um professor na disciplina de supervisão de estágio em turmas com mais de 15 alunos, o que compromete significativamente a condução e o desenvolvimento da supervisão acadêmica direta em Serviço Social.

Precisamos considerar que as instituições de ensino superior em Serviço Social não podem constituir mera máquina formadora de profissionais, mas devem cumprir seu papel de formar profissionais críticos, propositivos e que atuem na realidade social em conformidade com o Projeto Ético-Político da profissão, além de produzir conhecimento para a melhoria das relações em sociedade, comprometendo-se com o posicionamento político da categoria e fortalecendo docentes e discentes.

Cabe-nos, então, refletir sobre o incentivo à pesquisa e à extensão nas instituições de ensino; a realização de projetos interventivos que impactem na realidade da comunidade a que pertencem as instituições de ensino; o compromisso com a educação continuada e permanente dos profissionais por elas formados, o que impactará diretamente na qualidade do ensino oferecido aos estudantes, os quais durante sua formação, estão inseridos em campos de estágio e são supervisionados por supervisores de campo e acadêmico que, por sua vez, também enfrentam desafios no exercício de suas atribuições.

6.2 Desafios na concretização do estágio em serviço social

Refletir a respeito dos desafios impostos à realização do estágio em Serviço Social requer a compreensão da indissociabilidade entre teoria e prática, ou seja, o contexto teórico que embasa a profissão não deve ser dissociado da realidade dos campos de estágio/de trabalho.

No entanto, o discurso corrente dos alunos inseridos nos campos de estágio aponta que a dicotomia entre o discurso teórico e a realidade da prática cotidiana do assistente social dificulta a abertura dos campos de estágio. E por que isso acontece? Muitos profissionais relatam desconforto em receber estagiários, pois se sentem criticados e vigiados quanto às ações desenvolvidas, visto as dificuldades que enfrentam em seus campos de trabalho no que se refere a avanços de propostas interventivas que transformem a realidade encontrada. Devemos, então, questionar por que isso ocorre. Ora, o assistente social, como qualquer trabalhador, está sujeito às pressões e à exploração do mercado de trabalho, e sua atuação como mediador e propositor de ações que impactem na realidade social a favor da classe trabalhadora nem sempre é bem recebida pelo empregador, que, no sistema capitalista de produção, visa ao lucro e não à justiça social.

Nessa perspectiva, é relevante frisarmos que a categoria profissional não é, como diz Ortiz (2016, p. 163), ""um bloco monolítico", e o projeto ético-político hegemônico que sustenta o "agir competente" [...] não prescinde da vontade do sujeito profissional, que pode efetivá-lo ou não em seu cotidiano profissional". Identificamos aqui a relação de força exercida tanto pela categoria no que se refere a assumir a proposta hegemônica sobre a consolidação do Projeto Ético-Político, que se materializa pelo tripé Lei n. 8662/1993, Código de Ética Profissional do/a Assistente Social de 1993 (CFESS, 1993) e Diretrizes Curriculares de 1996

(ABEPSS, 1996) quanto pela relação de trabalho imposta por instituições de cunho estrutural funcionalista, que limitam a ação profissional.
Segundo Ortiz (2016, p. 163-164):

> Assim o exercício profissional se realiza a partir do confronto entre o conjunto de condições objetivas – criadas historicamente pelo homem, mas que nós, pessoalmente e em, princípio, não podemos mudar – e a intencionalidade do sujeito profissional, fundada sobre determinados valores e visões de homem e de mundo. A prática profissional, portanto, se desenvolve a partir do embate cotidiano entre tais contradições objetivas e a intencionalidade do sujeito profissional, podendo gerar propostas competentes e afinadas com os princípios ético-políticos que defendemos, bem como, contrariamente, práticas arraigadas pelo conservadorismo, messianismo e fatalismo.

Por esse motivo, é de extrema importância o debate sobre o exercício profissional para abordarmos o desafio da concretização do estágio em Serviço Social – principalmente porque o aluno, ao se deparar com as contradições teórico-metodológicas no seu campo de estágio, deverá levar em consideração as determinações históricas do assistente social, que em sua prática não deve se afastar do projeto profissional e de sociedade e direcionarmos nosso fazer profissional para uma prática emancipatória e comprometida com a qualidade dos serviços prestados aos usuários. Se durante a realização do estágio o aluno não conseguir realizar as aproximações teórico-práticas, é preciso repensar sua formação e direcionar seu olhar para as possibilidades de fomentar e articular o debate sobre essa temática entre as instituições, tanto a de ensino quanto a concedente de campo de estágio, por meio dos supervisores acadêmico e de campo.
Nesse sentido, Ortiz (2016, p. 165) afirma:

> A disciplina voltada para o estágio deve instigar o aluno a refletir sobre seu campo de estágio, identificando e analisando suas limitações e possibilidades. Deve motivar o aluno para pensar criticamente sobre a realidade, pois apenas quem pensa (reflete sobre os fenômenos) tem condições de fazer escolhas, de construir melhores argumentos, de identificar as possíveis alianças, de captar as demandas explicitas e, sobretudo, as implícitas.

Oliveira (2004) aponta como o maior desafio do estágio supervisionado a relação entre teoria e prática, já que ele não possibilita a aplicação de todos os conteúdos conceituais apresentados no curso. Uma constatação frequente dos alunos durante a supervisão direta de estágio é a de que não conseguem relacionar as atividades que observam no campo aos conteúdos ministrados em sala de aula.

O aluno precisa compreender, no entanto, que na academia os conteúdos serão ministrados em sua totalidade, para que ele possa conhecer e se apropriar deles. Deve saber ainda que, num primeiro momento, não precisará utilizá-los ou relacioná-los diretamente com seu campo de estágio, mas durante sua vida acadêmica ou profissional poderá utilizá-los no exercício profissional.

Segundo Oliveira (2004, p. 74-75), o objetivo do estágio supervisionado

> é a construção da identidade profissional do aluno requerendo posicionamento reflexivo e crítico tendo por base os conhecimentos teóricos que embasam a profissão. As atividades de estágio devem então ser planejadas conjuntamente pelos entes envolvidos instituição de ensino e instituição concedente de estágio.

O envolvimento de ambos os entes na realização do estágio supervisionado seguindo os parâmetros da PNE é imprescindível, uma vez que a precarização do ensino e o pouco envolvimento e fortalecimento da parceria entre ambos impactará negativamente a qualidade da formação.

São inúmeros os desafios para a consolidação do estágio em Serviço Social. Uma delas, segundo levantamento realizado por Werner (2015), é a inserção em campo de estágio devido à pouca disponibilidade dos assistentes sociais para a abertura de novos campos. Na maioria das vezes, isso está relacionado à fragilidade e à insegurança profissional em relação a como supervisionar o aluno, ao papel que deve exercer como supervisor de campo e ao despreparo teórico e metodológico.

Outro fator que deve ser levado em consideração é a crescente oferta de cursos, que agrava o já incipiente número de campos de estágio oferecidos, seguido em alguns casos pela pouca informação sobre os campos que podem oferecer estágio e pela dificuldade de acesso à informação quanto à documentação exigida. É necessário, portanto, que as instituições de ensino divulguem regulamentos e/ou políticas de estágio nos quais os envolvidos no processo de supervisão possam tirar suas dúvidas e se apropriar das normativas e documentações exigidas para essa fase acadêmica.

Podemos perceber, ainda, que a relação entre a instituição de ensino superior (IES) e a concedente de estágio não tem a proximidade desejada, pois muitas vezes há o entendimento de que a instituição de ensino deve contribuir com o aprendizado teórico, enquanto a concedente de estágio deve colaborar com o aprendizado prático, em uma nítida dissociação entre ambos. Nesse sentido, é imprescindível fortalecer a parceria entre ambas para a realização de um estágio supervisionado que compreenda as exigências para a formação do assistente social, evitando uma realidade em que, conforme nos alerta Buriolla (2009), a instituição de campo e a de ensino não cumprem seu papel e suas responsabilidades.

Sobre essa questão, Ortiz (2016, p. 216), declara que, "embora portadores de natureza diferentes, devem os campos de estágio e as práticas de supervisão suscitar no aluno uma frequente postura investigativa diante da realidade".

Diante dessa realidade e como consequência dessa não integração, encontramos campos que não oferecem oportunidades de aprendizagem efetiva, constituindo-se tão somente em espaços necessários para a concretização do número de horas exigidas para a conclusão da disciplina, e que entendem o estágio como oportunidade de utilizar mão de obra barata ou gratuita, em explícito descumprimento á legislação em vigor.

No que tange ao estágio supervisionado, as instituições de ensino são fiscalizadas pelo conjunto CFESS/CRESS (Conselho Federal de Serviço Social/Conselho Regional de Serviço Social), que destaca, segundo a CFESS (2012, p. 24-25):

> imprecisões sobre a carga horária mínima para o estágio em relação à carga horária total do curso; imprecisão das instituições nas informações sobre o total de horas de estágio; supervisores/as

acadêmicos/as com registro de CRESS de outra área de jurisdição de sua atuação; estágio em projeto de extensão que não atende aos requisitos da Lei n. 11.788/2008 e da resolução CFESS n. 533/2008; supervisão de campo realizada por profissionais na condição de voluntário/a; remuneração pela UFA do/a assistente social supervisor/a de campo; supervisão acadêmica e de campo realizada pelo mesmo profissional; número de estagiários/as superior ao definido pela Resolução CFESS n. 533/2008; realização de estágio no primeiro semestre de curso; carga horária de supervisão incluída como horas de estágio; estagiários/as sendo orientados/as por pessoa em exercício ilegal da profissão; falsificação no cadastramento de supervisores/as; constrangimento de profissionais para recebimento de estagiários de EAD, especialmente por parte de gestores/as dos serviços aonde atuam os/as profissionais; supervisão acadêmica virtual (nos casos de cursos à distância), além da ausência de condições éticas e técnicas para o exercício profissional.

Diante de uma realidade distante do que é exigido para uma formação de qualidade, podemos identificar alguns dos inúmeros desafios impostos ao estágio supervisionado em Serviço Social. Infelizmente, ainda nos deparamos com questões totalmente inaceitáveis para o desenvolvimento do estágio em Serviço Social, como espaços sem condições objetivas de trabalho, conforme preconiza a Resolução CFESS n. 493, de 21 de agosto de 2006 (CFESS, 2006), que dispõe sobre as condições éticas e técnicas do exercício profissional do assistente social. Dessa forma, é imperativo frisarmos a relevância das resoluções e normativas do CFESS para seu desenvolvimento, cabendo a todos os envolvidos primar pelo cumprimento das prerrogativas instituídas, seja na modalidade do curso presencial, seja a distância.

Grandes desafios se evidenciam no ensino superior no Brasil, particularmente no curso de Serviço Social, que exige do estudante o envolvimento com a realidade social e a realização de atividades e atitudes coletivas para sua atuação. Isso se evidencia no ensino ofertado por instituições públicas precarizadas e em instituições privadas que têm por valor maior a lucratividade, nem sempre promovendo as condições necessárias a uma formação comprometida e à concretização de um estágio supervisionado que cumpra as exigências legais.

A respeito dos desafios impostos ao serviço social, Iamamoto (2009, p. 37) aponta a necessidade de "criterioso debate e acompanhamento da expansão do ensino superior no Serviço Social e de sua distribuição territorial". Essa questão diz respeito diretamente à qualidade dos cursos ofertados, à indiscriminada abertura de novos cursos e ao oferecimento de vagas na modalidade de ensino a distância (EaD) sem controle. É primordial compreendermos que o debate contemporâneo da categoria profissional não pode adiar essas discussões e desenvolvermos um olhar ampliado sobre essa temática. Precisamos, além disso, realizar pesquisas a fim de obter dados concretos, para não corrermos o risco de cometer falácias sobre essa modalidade de ensino.

As instituições de ensino que oferecem o curso nas modalidades EaD e presencial precisam pensar na organização do curso com uma unicidade, caminhando par e passo com todas as orientações das Novas Diretrizes Curriculares para os cursos de Serviço Social (Brasil, 2002), com as orientações das Resoluções n. 533/2008 e n. 493/2006 e com o Projeto Ético-Político da profissão.

É incompatível afirmar que não haja essa preocupação por parte das instituições formadoras, visto o arsenal de orientações sobre o processo de formação do curso de Serviço Social. Além dessas questões, precisamos considerar a necessidade de pesquisas específicas que possam acompanhar o processo de formação do assistente social e apresentar dados relevantes à supervisão de estágio em Serviço Social nas duas modalidades, permitindo assim comparativos que expressem não somente a expansão do número de profissionais, mas apresentem uma avaliação sobre a qualidade de ensino preconizada nessas instituições de ensino.

Devemos considerar ainda que todo o material pedagógico do curso deve ser acessado pelos alunos, como o plano pedagógico do curso, o plano de ensino dos professores, o regulamento ou a política de estágio, o regulamento de horas complementares e demais elementos que componham a orientação para o processo formativo. Há também a necessidade de as instituições de ensino fomentarem o tripé ensino, pesquisa e extensão em Serviço Social, organizando grupos de pesquisa com linhas de projeto compatíveis à questão social e à realidade imposta para a categoria profissional, bem como projetos de extensão em conformidade com as expressões da questão social. As dinâmicas das instituições de ensino devem potencializar as habilidades e competências do aluno para além do momento de formação e formar assistentes sociais cidadãos, com consciência política, senso crítico e comprometimento com o Projeto Ético-Político da profissão.

Segundo Iamamoto (2009, p. 37), diante do crescente número de instituições privadas que oferecem o curso em ambas as modalidades, há a necessidade de conhecimento e controle "das entidades mantenedoras responsáveis pela expansão das instituições de ensino superior privadas e os interesses que veiculam". Essa questão é primordial para a profissão, que não pode simplesmente estar sob as exigências de um mercado que prioriza o lucro e a manutenção do capital, sendo necessária, para isso, a "denúncia da desqualificação da formação universitária e de suas repercussões na prestação de serviços de qualidade à população no âmbito dos direitos sociais, (Iamamoto, 2009, p. 37).

Diante do quadro exposto anteriormente, que nos alerta quanto às condições de formação e atuação do assistente social, Iamamoto (2009) expõe a necessidade de se fortalecer a profissão por meio de formação teórica metodológica que subsidie o aluno para o entendimento da realidade econômica, social e política brasileira na atualidade, devendo, para isso, ser realizado acompanhamento das condições da formação ofertada, buscando articular movimentos sociais e categorias na defesa dos direitos, em convergência com o Projeto Ético-Político do Serviço Social (PEPSS), na defesa do trabalhador e do trabalho do assistente social.

6.3 Desafios impostos à supervisão acadêmica

Neste item, propomos ao leitor pensar nos desafios vivenciados pelos assistentes sociais que se preocupam com a formação profissional dos alunos de Serviço Social. Primeiramente, é preciso compreender que, na instituição de ensino, quem realiza a supervisão acadêmica são os professores assistentes sociais das disciplinas ministradas, e que na coordenação de estágio são planejados os conteúdos, planos de ensino, fóruns, modelos de avaliação e formas de articular as disciplinas para potencializar as competências e habilidades dos alunos durante o estágio supervisionado em Serviço Social.

> O aluno precisa compreender que o estágio supervisionado é um dos momentos da sua vida acadêmica que se inicia no primeiro dia de aula e se estende por todo o curso, quando são realizadas as conexões e aproximações com o serviço social e se rompem os paradigmas, desconstruindo e construindo uma nova identidade perante o curso escolhido.

Talvez possamos dizer que, na contemporaneidade, um dos maiores desafios da supervisão acadêmica é articular as disciplinas e seus conteúdos para que o estagiário consiga realizar as aproximações e a síntese durante o estágio supervisionado em Serviço Social. Muitos são os relatos de alunos que expressam a dificuldade em fazer as aproximações teórico-práticas nos espaços sócio-ocupacionais onde realizam estágio, o que pode levá-los a questionar por que a disciplina X ou a Y em nada acrescentaram na prática de estágio.

O aluno precisa compreender que o estágio supervisionado é um dos momentos da sua vida acadêmica que se inicia no primeiro dia de aula e se estende por todo o curso, quando são realizadas as conexões e aproximações com o serviço social e se rompem os paradigmas, desconstruindo e construindo uma nova identidade perante o curso escolhido.

> O projeto profissional e o de formação do Serviço Social dão base para a compreensão da realidade e a ação na sua totalidade, abrangência essa que poucas profissões abarcam. Nesta formação, aprende-se sobre os princípios organizativos, os quais traduzem no compromisso com os direitos humanos, sociais e políticos da classe trabalhadora, na autonomia e emancipação dos sujeitos, na equidade e justiça social, bem como na liberdade, consolidando-se uma nova ordem societária e resguardando-se os limites da relação entre o projeto profissional e projeto societário. (Pinto, 2016, p. 73)

Cabe ao supervisor acadêmico conduzir os saberes ministrados em sala de aula, fazer a aproximação teórica-metodológica com os espaços de atuação dos assistentes sociais, estimular e promover a interlocução dos alunos com o conteúdo das disciplinas e realizar aproximações concernentes à prática de estágio do aluno durante o estágio supervisionado em Serviço Social.

A partir daí, podemos iniciar nossa reflexão sobre os desafios que se apresentam à supervisão acadêmica de estágio. Devemos apontar, primeiramente, a fragilidade do serviço social na produção teórico-bibliográfica crítica no que tange à supervisão, segundo Guerra e Braga (2009).

Não podemos esquecer que a produção teórica do serviço social obteve grandes avanços a partir do movimento de reconceituação e após a Constituição Federal de 1988, porém a produção teórica relativa ao estágio supervisionado apresenta-se bastante incipiente. Prova disso é o número ainda reduzido de produções literárias sobre o tema.

A pouca produção acadêmica em estágio parece contraditória, visto o aumento de instituições de ensino que ofertam o curso de Serviço Social. Isso acontece porque os supervisores de estágio não publicam nem socializam as informações que podem subsidiar a supervisão em serviço social.

Nesse quesito, as universidades e, particularmente, os coordenadores de estágio e os supervisores de campo enfrentam um enorme desafio ao terem a responsabilidade de incentivar a produção de material teórico que aborde o tema de estágio e supervisão.

A incipiente produção teórica quanto ao estágio e à supervisão nos faz refletir sobre a valorização do estágio na formação do aluno de Serviço Social e das disciplinas de estágio e supervisão de estágio no universo acadêmico, já que, como bem nos relembra Guerra e Braga (2009, p. 533). "A supervisão é a expressão da indissociabilidade entre trabalho e formação profissional", constituindo-se "expressão da unidade entre teoria e prática", não podendo, portanto, "ser compreendida desvinculada de seus componentes teórico, ético e político", devendo ser "mediada por questões que particularizam as políticas sociais", sendo realizada no espaço da supervisão "a unidade entre ensino e aprendizagem".

No que se refere ao patamar da supervisão de estágio nas universidades, pontuamos a necessidade da real valorização do estágio com as demais disciplinas que compõem o curso, no sentido de que ele abarca absolutamente todas as disciplinas do Serviço Social e que, por meio dele, se oportuniza a discussão sobre sua aplicabilidade e a possibilidade de realização de pesquisas e produção de conhecimento. Afinal, como afirma Lewgoy (2010, p. 20), a supervisão consiste "em instância que favorece o trânsito do singular ao universal".

Podemos, ainda, apontar como desafios da supervisão acadêmica decifrar a realidade social constituída pelo olhar do estagiário; operacionalizar a leitura da realidade; e ter uma visão de mundo carregada de historicidade, de expectativas, aproximando dessa maneira as reflexões necessárias para romper paradigmas e a possível reprodução de práticas conservadoras e distantes das discussões teórico-metodológica do curso.

Muitos alunos ainda padecem de senso crítico e do olhar de totalidade, razão por que reproduzem posturas pautadas ao ajustamento social. Não é raro, durante a supervisão direta, os supervisores acadêmicos ouvirem dos alunos coisas como: "Professor, no meu campo de estágio, minha supervisora não trabalha na perspectiva da teoria social-crítica"; "Professor, não consigo evidenciar o trabalho do assistente social no meu campo de estágio". Nesse sentido, trabalhar de forma ética, pontual e coletiva cada elemento materializado durante a supervisão acadêmica é um grande desafio do supervisor.

> Um dos desafios na operacionalização da supervisão é dar visibilidade aos processos sociais contemporâneos, que se apresentam cotidianamente de forma difusa e com sentido ambíguo, pois os fenômenos aparecem de forma parcial, superficial, fetichizados, dando a falsa ideia de serem verdadeiros. Neste mundo o sujeito dos processos educativos é o aluno, com suas múltiplas e históricas necessidades, de ordem material, afetiva, política e ética, e quem, pela necessidade e pelo desejo, poderá alterar de forma coletiva o que está instituído. (Lewgoy, 2010, p. 30)

Essa fala da Lewgoy (2010) está carregada de significados expressos no cotidiano de muitos supervisores acadêmicos, que, além de ministrarem as disciplinas, precisam atuar de forma propositiva, investigativa e interventiva para levar o aluno a perceber as contradições do processo de trabalho do assistente social diante das várias expressões da questão social, e que você não desanime diante das limitações impostas ao fazer profissional nos diversos espaços sócio-ocupacionais.

> Na condição de supervisoras acadêmicas identificamos que o espaço da sala de aula apresenta uma tendência de ser um local onde as "queixas" sobre o campo são apresentadas: desde as demandas institucionais que não são atribuições do profissional até o papel exercido pelo assistente social, o estagiário traz um compêndio de questões. Essas devem ser debatidas, problematizadas e articuladas a uma discussão fundamentada teoricamente. Esta é uma possibilidade que este espaço pode propiciar, pois o objetivo não é saber se o assistente social fez o "certo" ou o "errado", mas pensar o exercício profissional nas suas contradições, estimulando a construção de propostas neste cotidiano institucional. (Ramos; Santos, 2016, p. 293-294)

Nesse contexto, e ainda com base na fala da Lewgoy (2010 p. 30-31), podemos dizer que um dos desafios da supervisão acadêmica em relação aos estagiários é desmistificar o discurso ainda hoje apregoado sobre a dicotomia teoria-prática e potencializar o "desenvolvimento das condições físicas, teóricas, afetivas, estéticas, políticas e éticas do aluno, capaz de alargar a capacidade de trabalho na produção de valores de uso geral como condição de satisfação das múltiplas necessidades do ser humano no seu processo histórico".

Você pode estar se questionando: "Existe um modelo ideal de supervisão?", "Por que a supervisão acadêmica é diferente da supervisão de campo?", "Com quem devo discutir o quê?". Apresentamos no capítulo anterior o papel de cada um dos supervisores no processo de formação e reforçarmos aqui que não há um modelo pronto de supervisão, assim como não existe um padrão ideal de estagiário. A supervisão ocorre por meio de dinâmicas diversas, ora mediada pela contradição, ora pela negação, ora pela síntese, que fazem parte do processo de formação da identidade profissional do aluno.

O aluno, por sua vez, deve absorver o máximo de seus supervisores, entendendo que cada qual tem um papel em sua formação. Por isso, ele não deve se sentir inseguro ou constrangido ao questionar, discordar ou não compreender o processo de trabalho do profissional, uma vez que a supervisão se constrói no coletivo, perante as demandas trazidas pelo estagiário.

Outro desafio expresso na contemporaneidade é como atuar diante da fragilidade da formação básica do aluno, que não consegue realizar as aproximações cognitivas necessárias e que durante a realização do estágio supervisionado sente dificuldade na elaboração dos elementos de sistematização da prática e de síntese, necessários para a formação da identidade profissional. Cabe aos supervisores fazer-se a pergunta: "Que profissionais queremos formar?". Já o questionamento do aluno deve ser: "Que profissional eu quero ser?". Para responder a esses questionamentos, é necessário refletir e tomar uma atitude para que os dois sujeitos, docente e discente, consigam propor estratégias e mudanças significativas durante o processo formativo.

Nesse contexto, outro desafio para a supervisão acadêmica é estreitar o diálogo com os supervisores de campo na perspectiva da horizontalidade, de modo a ampliar a discussão das dimensões da profissão, principalmente da dimensão teórico-metodológica, visto o impacto que ela pode causar no processo de formação do aluno quando tratada de forma isolada e descontextualizada da realidade social.

Ainda com o olhar voltado para a qualidade do processo formativo e da condução sistemática e normativa do estágio, vê-se a relevância de valorizar a figura do coordenador de estágio nas instituições de ensino, tanto públicas como privadas. Raras são as instituições que mantêm a figura do coordenador de estágio em seus quadros, sobrecarregando o supervisor acadêmico com as atribuições daquele. Ora, o supervisor acadêmico, em sua realidade de trabalho, como profissional assalariado, na divisão técnica do trabalho não tem tempo condizente e necessário às necessidades oriundas da supervisão de estágio, o que o leva a uma supervisão sobrecarregada de trabalho, sem tempo necessário às visitas aos campos de estágio, sem planejamento de ações aproximativas e de formação dos supervisores de campo. A precarização do ensino e a sobrecarga de atividades do supervisor, aliadas ao pouco tempo que ele tem para planejar e aprimorar as atividades, levam a dificuldades de efetivação de encontros periódicos entre supervisor acadêmico e supervisor de campo – encontros requeridos para o planejamento, o monitoramento e a avaliação do estágio.

6.4 Desafios impostos à supervisão de campo

Iniciamos nossa reflexão com a afirmação de Buriolla (2009) de que a intenção do estágio é permitir o preparo para o agir profissional, em um campo que permita ao aluno vivenciar situações da realidade concreta de atuação do assistente social acompanhado por um profissional que possibilite a vivência, a reflexão e a crítica.

Dissemos anteriormente que o estágio e a supervisão de estágio têm caráter formativo; ressaltamos, porém, que essa formação pode se dar sob diferentes perspectivas. Segundo Guerra e Braga (2009, p. 541), a supervisão "pode ser orientada para a autonomia, democratização das relações de poder e emancipação política". Para a autonomia, que predispõe independência e liberdade, as autoras destacam uma perspectiva baseada no Projeto Ético-Político da profissão, o que requer formação consolidada teórica-metodológica, ético-política e técnico-operativa. O conhecimento e o domínio dessas dimensões são complementados pela experiência do supervisor quanto à atuação profissional e ao conhecimento do espaço de atuação e da população atendida.

Isso requer do supervisor de campo uma boa formação e compromisso com a profissão, além de bagagem profissional. Porém, diante dos desafios que se impõem às instituições de ensino, o supervisor de campo pode não estar preparado teórica e tecnicamente o suficiente para o exercício da supervisão, além de ter como desafio sua atuação e posição, que pode estabelecer, segundo Guerra e Braga (2009, p. 541), tanto "a autonomia quanto a dependência dos sujeitos", visto que sua atuação tem por base o referencial teórico, ético e político que a sustenta.

A compreensão do referencial teórico-ético e político que embasa a profissão e a prática do assistente social que toma por base esses referenciais garantem ao supervisor de campo condições de efetivar seu papel. E quando isso não acontece? E quando o supervisor de campo está desatualizado e não atua com a coerência exigida pelas dimensões teórico-metodológicas, ético-políticas e técnico-operativas do serviço social? Essa questão constitui-se em enorme desafio, e muitos profissionais alegam não supervisionar estudantes com receio de serem "julgados" ou "criticados" por estes, não se sentindo seguros quanto a sua atuação profissional.

A necessidade constante de atualização do assistente social é prevista no Código de Ética do/a Assistente Social (CFESS, 1993), que institui como um dos direitos do assistente social o aprimoramento profissional de forma contínua, desempenhando suas atividades de forma coerente com a legislação em vigor, com eficiência e responsabilidade.

Ao ser inserido nos diferentes espaços sócio-ocupacionais do serviço social, o assistente social encontra-se na posição de trabalhador assalariado e, portanto, explorado. A supervisão de estágio, por sua vez, requer tempo específico para discussões e o acompanhamento do estágio, e muitas vezes a rotina insana de atendimentos não permite a esse profissional momentos de parada, de diálogo, que propiciem, segundo Lewgoy (2010, p. 20), uma formação "que habilite para criticar, propor, criar, atualizar-se, saber transmitir e ter sensibilidade para escutar e trabalhar com o outro".

No entanto, precisamos lembrar que ser supervisor é inerente à profissão do assistente social e que abrir campos de estágio nos espaços de intervenção profissional é promover aos alunos o acesso à formação teórico-prática. Trata-se de uma atitude propositiva e solidária do profissional, visto este já ter sido aluno e ter realizado estágio supervisionado. Segundo a ABEPSS (2010, p. 21), cabe ao supervisor de campo:

1. Comunicar à coordenação de estágio da UFA o número de vagas por semestre e definir, em consonância com o calendário acadêmico e conjuntamente com a coordenação de estágio, o início das atividades de estágio do respectivo período, a inserção do estudante no campo de estágio e o número de estagiários por supervisor de campo, em conformidade com a legislação vigente;

2. Elaborar e encaminhar à coordenação de estágios do Curso de Serviço Social da UFA o Plano de trabalho do Serviço Social com sua proposta de supervisão e o respectivo cronograma de realização desta atividade.

Nessa perspectiva, podemos pontuar o desafio dos profissionais que desejam abrir campos de estágio, mas não conseguem em virtude dos limites impostos pelas instituições e/ou por estas não terem condições físicas e materiais para o desenvolvimento das atividades de estágio, limitando assim o número de vagas ofertadas às instituições de ensino.

Além disso, alguns supervisores de campo têm uma visão equivocada do estagiário, vendo-o como aquele que auxilia o assistente social nas atividades de trabalho e identificando-o como um "miniprofissional de custo reduzido". Desse modo, eles desrespeitam a legislação de estágio e dificultam, segundo Lewgoy (2013), o exercício de pensar sobre a realidade, alienando e sendo alienado. Soma-se a isso a postura de estagiários que entendem o momento do estágio como oportunidade de ser remunerado, não primando pelas possibilidades de reflexão e de transformação, além daqueles que entendem o estágio somente como obrigatoriedade curricular.

Alguns supervisores de campo expressam como desafio uma proposta de supervisão mais próxima, pois se sentem distantes das instituições de ensino e se referem a estas como espaços que apenas encaminham o estagiário, sem promover uma proximidade no sentido do aperfeiçoamento e capacitação técnica. Isso corrobora com outro desafio: o de se sentir distante das discussões da academia, o que pode gerar desconforto perante os questionamentos dos alunos sobre alguma temática específica de que ele não tenha conhecimento. Há uma urgência por um debate sobre o papel pedagógico do supervisor no processo de formação para tentar reduzir a lacuna entre os espaços acadêmico e de campo.

Segundo Ramos e Santos (2016, p. 290), "o estágio faz parte de um processo pedagógico que compreende a aproximação da prática, não como mera força de trabalho barata, mas como um processo que envolve a dimensão pedagógica, a troca de saberes e avaliação processual". Nele se encontra "uma grande tensão que é muito particular da profissão do Serviço Social: que pressupõe a indissociabilidade entre estágio, supervisão acadêmica e de campo" (Ramos; Santos, 2016, p. 290).

Nesse contexto, o Fórum Permanente de Supervisão em Serviço Social é um instrumento de extrema importância para promover as aproximações e discussões sobre os desafios impostos à formação profissional, conforme orienta a PNE, citando ABEPSS/Leste (2005):

> A consolidação do "Fórum de Supervisores", portanto, conecta-se a um amplo movimento de amadurecimento intelectual e político-organizativo da categoria em torno da necessária articulação entre exercício e formação profissional, em especial àquelas vinculadas ao Estágio como um momento privilegiado do "ensino da prática". Considerando que esta é uma tarefa que vai além dos limites acadêmicos,

deve envolver toda a categoria e suas entidades representativas, além das unidades de ensino. (ABEPSS, 2010 p. 36)

O supervisor de campo necessita dominar as atribuições a ele inerentes, conhecer a legislação referente ao estágio supervisionado e, reiteramos, realizar a supervisão sempre em parceria com o supervisor acadêmico.

A respeito da *expertise* requerida para a supervisão de campo, devemos salientar as falhas na formação acadêmica quanto às atribuições da supervisão previstas ao assistente social, inclusive no Código de Ética do/a Assistente Social (CFESS, 1993). Nem sempre, segundo Guerra e Braga (2009), as instituições formam para a supervisão, prevista em conteúdo das disciplinas ofertadas.

A supervisão de campo necessita de suporte e exige a assimilação da teoria e da prática. Para isso, segundo Lewgoy (2010, p. 134), o supervisor carece de "conhecimento para trabalhar com o estagiário de modo diferente de como trabalha com seus usuários". Isso exige do assistente social, além da bagagem de sua formação, um conhecimento pedagógico "que lhe dê suporte não apenas na orientação, mas na introdução e acompanhamento do estagiário na cultura institucional" (Lewgoy, 2010, p. 134), suporte este que deve ser oferecido pela instituição de ensino por meio do supervisor acadêmico.

6.5 Desafios impostos ao estagiário

Iniciaremos essa temática apresentando as indagações que provocam reflexões nos alunos no momento de sua inclusão como estagiário. Vamos dividi-las em dois grupos: 1) relacionadas ao estágio não obrigatório, que é uma modalidade de estágio prevista na Lei 11.788, de 25 de setembro de 2008 (Brasil, 2018), e parte do interesse do aluno em realizar as aproximações com os espaços sócio-ocupacionais do serviço social; 2) referentes à modalidade obrigatória, que compõe a grade curricular do aluno e é uma exigência para a obtenção do título de bacharel em Serviço Social, iniciando-se a partir do 3º ano do curso.

Um dos desafios do estágio não obrigatório é fazer o aluno compreender que o estágio não é um emprego e que ele não está na instituição concedente de campo de estágio como funcionário, colaborador ou qualquer outro designo semelhante, desempenhando funções administrativas ou burocráticas. Ele precisa ter consciência de que está em processo de ensino-aprendizagem, e, por isso, faz-se necessária a supervisão de um assistente social para acompanhar o desenvolvimento de suas atividades.

Conforme descreve Vasconcellos (2009 citado por ABEPSS, 2010, p. 17), o estágio não obrigatório é:

> Atividade curricular optativa, integrante dos componentes complementares da formação profissional, a qual se realiza por meio da inserção do(a) estudante no cotidiano do trabalho na área do Serviço Social, mediante acompanhamento de assistente social docente da unidade de formação acadêmica e assistente social do campo de estágio.

Não podemos negar os impactos das mazelas do capitalismo no ambiente acadêmico, onde muitos alunos necessitam da bolsa referente ao estágio para o pagamento dos custos com o ensino e com a própria sobrevivência, o que podemos observar na fala de Oliveira (2004, citado por ABEPSS, 2010, p. 7):

> Devido à situação socioeconômica imperante, sob a lógica neoliberal, os estágios estão adquirindo crescentemente o caráter de emprego para o estagiário, inclusive no Serviço Social: muitos alunos têm o estágio como fonte de renda, inclusive para pagamento das mensalidades escolares, e isto tem refletido diretamente na formação profissional.

Sob esse olhar, um dos questionamentos frequentes dos alunos é: "Eu preciso de uma renda para pagar a faculdade. Por que eu não posso fazer estágio não obrigatório no primeiro semestre ou quadrimestre do curso?".

Eis aqui um dos primeiros desafios do supervisor: fazer o aluno compreender que o estágio é processo de formação e que, para isso, ele precisa ter cursado algumas disciplinas específicas. Essa fala é plena, visto que o aluno precisa romper com a leitura de realidade fragilizada, messiânica, do senso comum e imediatista para compreender as primeiras aproximações com a dinâmica do cotidiano do assistente social. Queremos reforçar aqui a importância do estágio não obrigatório no processo de formação do aluno, mas desde que ocorra em conformidade com a legislação específica e com o comprometimento dos sujeitos envolvidos com a supervisão e o acompanhamento do estagiário.

Podemos pontuar como um desafio fazer o aluno compreender que, antes de ele iniciar o estágio, é necessário que os assistentes sociais ofertem os campos de estágio e que muitas instituições estão fazendo testes seletivos para a adesão do aluno, exigindo para isso um currículo, no qual serão avaliadas participações em eventos, palestras, projetos de extensão, projetos de pesquisa, cursos básicos de informática, entre outras atividades.

Outro aspecto a ser considerado é que nem todos os campos disponíveis são aqueles idealizados pelos alunos. Muitos estagiários são trabalhadores e priorizam o estágio de final de semana, vagas que, no entanto, são as mais disputadas e nem todos a conseguem, gerando frustração e, em alguns casos, a desistência do curso. Precisamos reforçar aqui que o aluno é protagonista em seu processo de formação e ao ingressar na faculdade, é informado sobre a obrigatoriedade do estágio para a obtenção do bacharelado em Serviço Social.

Dessa forma, ele é responsável pela organização do tempo que vai dedicar a sua formação.

Diante desse desafio, cabe à instituição de ensino, na figura dos coordenadores do curso e do estágio, bem como da Central de Estágio (se houver), informar os alunos sobre os campos credenciados e/ou disponíveis, os quais

> O aluno não é polivalente nem é um "miniassistente social", que está no campo para absorver a demanda do cotidiano do assistente social como sua, dando respostas imediatas para o fazer profissional, pois essa demanda é do supervisor.

atendem às exigências legais para o funcionamento, mas que nem sempre irão atender às demandas individuais destes.

Já em relação ao estágio obrigatório, os alunos relatam, quando da realização da supervisão acadêmica, o surgimento dos seguintes questionamentos, que aqui pontuamos como desafios: "Como conseguir relacionar as dimensões teórico-metodológicas durante a realização do Estágio? Será que vou conseguir identificar a questão social que irei trabalhar no projeto de intervenção?".

Primeiramente, precisamos deixar claro que o aluno não é polivalente nem é um "miniassistente social", que está no campo para absorver a demanda do cotidiano do assistente social como sua, dando respostas imediatas para o fazer profissional, pois essa demanda é do supervisor.

O aluno ingressa no espaço sócio-ocupacional do serviço social para realizar aproximações teórico-práticas relevantes para a construção da sua identidade profissional, o que não acontece de um dia para o outro. É um processo que se constrói em parceria com os sujeitos envolvidos, ou seja, com os supervisores de campo e acadêmico. É por meio da supervisão direta de estágio que ocorre o questionamento, a reflexão, a indagação e a compreensão da dinâmica da profissão em toda sua complexidade, com todas as suas limitações (institucional, de recursos físicos, materiais e até pedagógicas) e infinitas possibilidades de intervenção diante das expressões da questão social eminentes no cotidiano do exercício profissional do assistente social.

Durante a realização do estágio obrigatório, o aluno é desafiado a ser crítico, propositivo e a decifrar a realidade social. Ao longo da sistematização da prática, que ocorre com a elaboração dos elementos que a constituem (o diário de campo, o plano de estágio, o projeto de intervenção e os relatórios de estágio), o aluno expressa sua dificuldade de síntese, de fazer as conexões teóricas das disciplinas ministradas pelos professores. Dessa maneira, constitui-se em desafio tanto para o estagiário quanto para os supervisores a construção de um material acadêmico no qual se empreguem as nomenclaturas específicas da profissão, bem como a utilização do arsenal teórico-metodológico, ético-político e técnico-operativo articulado com as experiências vivenciadas no campo de estágio.

Nessa perspectiva, o Fórum Permanente de Supervisão de Estágio em Serviço Social tem o importante papel de propor um processo dialógico e horizontal com todos os sujeitos envolvidos na supervisão, momento de relato de experiências, de troca de saberes, de reflexões e tomadas de atitude, sendo também um desafio imposto na contemporaneidade transformar o Fórum em espaço de formação permanente da categoria profissional, buscando sua efetivação no ensino a distância.

Muitos são os desafios impostos ao estágio supervisionado e ao dinâmico processo de supervisão de estágio em serviço social, mas também são diversas as possibilidades de reinvenção e aprofundamento de uma prática consistente, baseada na formação pedagógica, comprometida com a democracia e com a justiça social, aberta à reflexão e à discussão sobre os embates contemporâneos da profissão.

Síntese

Iniciamos este capítulo abordando os desafios do ensino em serviço social na contemporaneidade. Avaliamos que, atualmente, a formação de assistentes sociais requer das instituições adequações referentes às exigências de mercado quanto à formação de profissionais que estejam à altura dos desafios das expressões da questão social. Isso porque as instituições de ensino públicas estão fragilizadas pelo sucateamento de recursos e as instituições privadas funcionam sob a égide do lucro.

Esse cenário impacta diretamente a concretização do estágio em Serviço Social, nos seus diversos espaços sócio-ocupacionais e nos desafios da indissociabilidade teórico-prática. No bojo da realidade da prática do estágio, refletir sobre os desafios impostos à supervisão de campo e acadêmica e ao estagiário e intervir neles torna-se essencial para o processo de formação dos alunos.

Finalizamos apresentando os desafios do supervisor acadêmico no que tange à articulação entre as disciplinas, entre elas o estágio e seus conteúdos, as dificuldades do supervisor de campo em acompanhar os estagiários e a necessidade de consolidar o compromisso do estagiário com seu estágio, entendendo-o como oportunidade ímpar de aprendizado.

Questões para revisão

1. Marque a alternativa correta a respeito da formação do assistente social:
   a) As questões pertinentes à formação do assistente social permanecem inalteradas desde o início da profissão no Brasil.
   b) O atual mercado de trabalho exige um profissional criativo, informado e capacitado.
   c) O sistema capitalista de produção favorece a formação de qualidade.
   d) Na atualidade, há mais assistentes sociais formados em instituições públicas.

2. São inúmeros os desafios impostos ao estágio supervisionado em Serviço Social. Muito ainda precisa ser discutido, pesquisado e revisto para que a formação da identidade profissional do aluno esteja em conformidade com os pressupostos ético-políticos da profissão. A respeito do serviço social e dos desafios e objetivos do assistente social, marque a alternativa correta:
   a) O assistente social atua no enfrentamento da questão social, sendo inúmeras as expressões da questão social que se constituem em desafio para a profissão.
   b) O serviço social é uma profissão que exige prática burocrática e controle.
   c) O assistente social busca condicionar a população para aderir aos preceitos do sistema capitalista de produção.
   d) O serviço social é uma profissão eminentemente teórica.

3. A respeito do estágio supervisionado, analise as afirmativas e marque V para as verdadeiras e F para as falsas.
   ( ) O objetivo do estágio supervisionado é a construção da identidade profissional do aluno.
   ( ) As atividades de estágio supervisionado devem ser programadas somente pelo aluno, principal interessado na aprendizagem.

( ) As atividades do estágio supervisionado devem ser planejadas por todos os entes envolvidos: supervisor acadêmico, supervisor de campo e estagiário.

( ) O curso de Serviço Social não apresenta escassez de campos de estágio, pois os assistentes sociais buscam a todo momento a abertura de novos campos.

Assinale a alternativa que corresponde à sequência correta:
a) F, V, F, V.
b) F, F, V, V.
c) V, F, V, F.
d) F, V, V, F.

4. Marque a alternativa correta a respeito do estágio e dos desafios enfrentados pelo estagiário:
   a) O estagiário não enfrenta dificuldades ao ser inserido em um campo de estágio.
   b) Ao ingressar em campo de estágio, a única preocupação do estagiário é com sua aprendizagem, não sofrendo pressão nem se preocupando com questões que envolvam sua vida diária e o cumprimento de obrigações financeiras.
   c) O estagiário deve estar preparado para possíveis testes seletivos a fim de concorrer a vagas de estágio em alguns campos.
   d) Ao ingressar em campo de estágio, o estagiário tem clareza a respeito das questões que envolvem a prática do assistente social.

5. Por que durante a atuação do assistente social por vezes se observa uma prática dissociada da teoria?

6. Qual é o objetivo do estágio supervisionado segundo Oliveira (2004)?

Questão para reflexão

1. Se o estágio em Serviço Social é tão importante para a formação profissional, por que nas instituições de ensino ainda observamos pouco investimento e valorização dessa importante fase de formação?

Para saber mais

CFESS – Conselho Federal de Serviço Social. **Meia formação não garante um direito**: o que você precisa saber sobre a supervisão direta de estágio em Serviço Social. Cartilha Estágio Supervisionado. Brasília, 2011-2014. Disponível em: <http://www.cfess.org.br/arquivos/BROCHURACFESS_ESTAGIO-SUPERVISIONADO.pdf>. Acesso em: 18 mar. 2019. De fácil compreensão, essa cartilha elaborada pelo CFESS apresenta orientações aos alunos de Serviço Social e esclarece as principais dúvidas sobre o estágio supervisionado e a supervisão direta de estágio.

Para concluir...

Ao iniciarmos a produção desta obra, tínhamos a preocupação de contribuir para a compreensão, por parte de estudantes e de profissionais, da importância do estágio supervisionado na formação do assistente social. Nosso intuito foi apresentar uma reflexão sobre os imprescindíveis elementos que compõem a prática de estágio e que a tornam tão importante na formação do assistente social. Durante nosso caminhar em busca de informações e da compreensão dos desafios que se impõem à prática de estágio, propusemo-nos a revisitar os diversos elementos que tornam a prática de estágio um desafio para todos os atores e palcos a ela relacionados: estagiários, supervisores, coordenadores de estágio, instituições de ensino e instituições concedentes de estágio.

Para nossa surpresa, pudemos, ao fim, reafirmar nossa convicção de que por meio do estágio e das oportunidades que ele oferece, no que tange ao conhecimento da prática, a profissão de assistente social se supera e se reinventa.

O serviço social se fortalece com a perspectiva indissociável das dimensões teórico-metodológica, ético-política e técnico-operativa, mas ainda é necessário, entre os profissionais, a percepção dessa indissociabilidade e de sua importância. Fazemos esse alerta porque notamos que alguns profissionais pautam sua atuação em ações fragmentadas e desconectadas.

O estágio, por sua vez, incentiva a reflexão quanto à prática profissional, oportunizando ao supervisor de campo e ao acadêmico atualizar seus conhecimentos, realizar pesquisas em sua área de atuação e superar o desafio pedagógico de ser supervisor.

Essa superação leva a uma percepção mais ampla do outro, da questão social, dos entraves e da exploração, instigando para um trabalho interdisciplinar que supere o olhar individual para entender novos olhares. É necessário ao estudante compreender que uma ação não se faz sozinha, e é no estágio que ele conhece outros pontos de vista, participa de reuniões com profissionais que atuam em diversas expressões da questão social, compreende os desafios que se impõem ao trabalho interdisciplinar e, muitas vezes, se depara com práticas que não oportunizam esses outros olhares. Esse universo, por vezes desafiador, instiga o estagiário à reflexão e à aprendizagem.

Quando o estudante é confrontado com as particularidades de cada campo de estágio, vêm à tona a discussão relacionada ao comportamento ético do assistente social e sua fragilidade. A materialização do Projeto Ético-Político requer ações profissionais que encontram dificuldades de serem implementadas nos espaços sócio-ocupacionais nos quais está inserido o assistente social, o qual como trabalhador também está sujeito às determinações do sistema capitalista de produção.

O estágio constitui-se em espaço para o conhecimento da prática profissional e a reflexão sobre esta, levando o estudante a campos desgastados pela luta e pela imposição econômica, o que pode implicar na dificuldade de realizar uma revisão teórico-metodológica e ético-política na sua prática profissional. A universidade, por sua vez, necessita dos ventos renovadores da prática, a fim de discutir lucidamente sua posição como formadora e produtora de conhecimento, devendo estar atenta ao ensino de boa qualidade na modalidade presencial ou a distância. O espaço do estágio supervisionado possibilita todas essas incursões, desde que seja efetivamente utilizado para as necessárias superações da profissão.

Vimos, ainda, durante a construção deste livro, que o estágio supervisionado se constitui em pilar para a formação profissional, em igual importância com as demais disciplinas. Então, por que há ainda baixa produção acadêmica sobre o tema? Por que ainda vivenciamos, em nossa prática profissional como professores e supervisores de estágio, um incipiente interesse em trazer o estágio e sua realidade para as discussões em sala de aula nas outras disciplinas?

Essa indagação nos leva a considerar a importância da indissociabilidade entre o ensino, a pesquisa e a extensão nas instituições de ensino superior e os investimentos necessários para sua concretização. Chegamos, então, à necessária reflexão quanto aos desafios da supervisão de campo e acadêmica, pois uma supervisão comprometida leva a uma formação fortalecida. Dessa maneira, precisamos ficar atentos ao modo como os supervisores estão sendo preparados para realizar a supervisão, assegurando a educação permanente de todos os profissionais envolvidos. Nesse sentido, entendemos como necessário articular, no Conselho Federal de Serviço Social/ Conselho Regional de Serviço Social (CFESS/CRESS), ações que esclareçam ao profissional aspectos importantes sobre a supervisão de estágio, abordada em nosso Código de Ética como atribuição inerente ao assistente social. Não há atualmente um posicionamento unânime dos profissionais quanto a sua responsabilidade na formação de novos profissionais, daí a dificuldade na abertura de campos de estágio.

Ressaltamos que o papel dos sujeitos envolvidos na supervisão de estágio necessita ser relembrado e fortalecido. No que se refere ao estagiário, é mister discutir e prepará-lo para um estágio comprometido, e não somente para a obtenção de um diploma. O supervisor acadêmico necessita, por sua vez, de maior disponibilidade em termos de tempo a fim de acompanhar tanto alunos quanto supervisores de campo nessa importante etapa do estágio, fortalecendo o respaldo teórico-metodológico, ético-político e técnico-operativo dos sujeitos envolvidos na supervisão.

Pontuamos a necessidade, pelo conjunto CFESS/CRESS, de divulgar a importância do estágio supervisionado em Serviço Social e do compromisso do assistente social em sua concretização, sensibilizando e informando também as instituições empregadoras da categoria profissional e os assistentes sociais quanto à necessidade de abrirem o espaço para sua realização.

Já o conhecimento relativo à legislação de estágio deve ser uma tônica constante nos informes da categoria, trazendo para perto do profissional a temática estágio supervisionado e supervisão de estágio. Diante da perda de direitos ocasionada pelo governo neoliberal, ressaltamos a necessidade de se fortalecer a categoria, garantindo informações e oportunidades de discussões a todos os assistentes sociais que atuam nesse imenso território de contradições, para que possam refletir sobre passos necessários ao fortalecimento da profissão.

Diante dessa realidade, devemos salientar a importância da formação comprometida dos assistentes sociais, o qual lhes permita construir habilidades que garantam uma atuação em conformidade com o Projeto Ético-Político nos diversos espaços sócio-ocupacionais, a realização de pesquisas e a construção de projetos interventivos que impactem na realidade social encontrada, fortalecendo sua formação.

Ainda temos muito a construir, mas entendemos que a caminhada se faz com passos constantes e paradas estratégicas. É hora de caminhar.

Referências

ABEPSS – Associação Brasileira de Ensino e Pesquisa em Serviço Social. **Diretrizes gerais para o curso de Serviço Social.** Rio de Janeiro, nov. 1996. Disponível em: <http://www.abepss.org.br/arquivos/textos/documento_201603311138166377210.pdf>. Acesso em: 11 jun. 2019.

_____. **Política Nacional de Estágio.** maio 2010. Disponível em: <http://www.cfess.org.br/arquivos/pneabepss_maio2010_corrigida.pdf>. Acesso em: 18 mar. 2019.

ALCOFORADO, M. G. Elaboração de projetos de pesquisa. In: CFESS – Conselho Federal de Serviço Social; ABEPSS – Associação Brasileira de Ensino e Pesquisa em Serviço Social (Org.). **Serviço social:** direitos sociais e competências profissionais. Brasília, 2009. p. 719-740.

ANTUNES, R. **Adeus ao trabalho?** Ensaio sobre as metamorfoses e a centralidade do mundo do trabalho. 16. ed. São Paulo: Cortez, 2015.

AVILLA, A. L. F. da. Projeto ético-político do serviço social brasileiro e o trabalho profissional. In: SEMINÁRIO NACIONAL DE SERVIÇO SOCIAL, TRABALHO E POLÍTICAS SOCIAIS, 2., 2017, Florianópolis. **Anais**... Florianópolis: UFSC, 2017. Disponível em: <https://repositorio.ufsc.br/bitstream/handle/123456789/180160/102_00233.pdf?sequence=1&isAllowed=y>. Acesso em: 11 jun. 2019.

BACICH, L.; TANZI NETO, A.; TREVISANI, F. de M. (Org.). **Ensino híbrido**: personalização e tecnologia na educação. Porto Alegre: Penso, 2015.

BARROCO, M. L. S. Ética: fundamentos sócio-históricos. 3. ed. São Paulo: Cortez, 2011.

_____. Fundamentos éticos do serviço social. In: CFESS – Conselho Federal de Serviço Social; ABEPSS – Associação Brasileira de Ensino e Pesquisa em Serviço Social (Org.). **Serviço social**: direitos sociais e competências profissionais. Brasília, 2009. p. 165-184.

BARROCO, M. L. S.; TERRA, S. H. **Código de ética do/a assistente social comentado**. São Paulo: Cortez, 2012.

BERBEL, N. A. N. A. As metodologias ativas e a promoção da autonomia de estudantes. **Semina: Ciências Sociais e Humanas**, Londrina, v. 32, n. 1, p. 25-40, jan./jun. 2011. Disponível em: <http://www.uel.br/revistas/uel/index.php/seminasoc/article/view/10326/10999>. Acesso em: 11 jun. 2019.

BOSCHETTI, I. Expressões do Conservadorismo na formação profissional. **Revista Serviço Social e Sociedade**, São Paulo, n. 124, p. 637-651, out./dez. 2015. Disponível em: <http://www.scielo.br/pdf/sssoc/n124/0101-6628-sssoc-124-0637.pdf>. Acesso em: 31 maio 2019.

BOSIO, R. S. **Multidisciplinaridade e interdisciplinaridade**: uma análise da prática de atividades multi e interdisciplinares na visão dos profissionais que atuam nas Unidades Básicas de Saúde no município de Petrópolis-RJ. 105 f. Dissertação (Mestrado em Gestão Empresarial) – Fundação Getúlio Vargas, Rio de Janeiro, 2009. Disponível em: <https://bibliotecadigital.fgv.br/dspace/bitstream/handle/10438/4201/REGINA.pdf?sequence=1&isAllowed=y>. Acesso em: 11 jun. 2019.

BRASIL. Constituição (1988). **Diário Oficial da União**, Brasília, DF, 5 out. 1988. Disponível em: <http://www.planalto.gov.br/ccivil_03/constituicao/constituicao.htm>. Acesso em: 11 jun. 2019.

BRASIL. Lei n. 8.662, de 7 de junho de 1993. **Diário Oficial da União**, Poder Legislativo, Brasília, DF, 8 jul. 1993. Disponível em: <http://www.planalto.gov.br/ccivil_03/LEIS/L8662.htm>. Acesso em: 11 jun. 2019.

BRASIL. Lei n. 9.394, de 20 de dezembro de 1996. **Diário Oficial da União**, Poder Legislativo, Brasília, DF, 23 dez. 1996. Disponível em: <http://www.planalto.gov.br/ccivil_03/leis/l9394.htm>. Acesso em: 11 jun. 2019.

BRASIL. Lei n. 11.788, de 25 de setembro de 2008. **Diário Oficial da União**, Poder Legislativo, Brasília, DF, 26 jun. 2008. Disponível em: <http://www.planalto.gov.br/ccivil_03/_ato2007-2010/2008/lei/l11788.htm>. Acesso em: 11 jun. 2019.

BRASIL. Ministério da Educação. Conselho Nacional de Educação. Câmara de Educação Superior. Parecer n. 492, de 4 de julho de 2001. **Diário Oficial da União**, Brasília, DF, 9 jul. 2001. Disponível em: <http://portal.mec.gov.br/cne/arquivos/pdf/CES0492.pdf>. Acesso em: 11 jun. 2019.

BRASIL. Ministério da Educação. Conselho Nacional de Educação. Câmara de Educação Superior. Resolução n. 15, de 13 de março de 2002. **Diário Oficial da União**, Brasília, DF, 9 abr. 2002. Disponível em: <http://portal.mec.gov.br/cne/arquivos/pdf/CES152002.pdf>. Acesso em: 11 jun. 2019.

BRASIL. Ministério da Educação. **Diretrizes Curriculares**: cursos de graduação. Disponível em: <http://portal.mec.gov.br/component/content/article?id=12991>. Acesso em: 14 jun. 2019.

BRASIL. Ministério da Educação. INEP – Instituto Nacional de Estudos e Pesquisas educacionais Anísio Teixeira. Diretoria de Estatísticas Educacionais. **Censo da Educação Superior 2012**: resumo técnico. Brasília, jul. 2014. Disponível em: <http://download.inep.gov.br/download/superior/censo/2012/resumo_tecnico_censo_educacao_superior_2012.pdf>. Acesso em: 15 mar. 2019.

BURIOLLA, M. A. F. **O estágio supervisionado**. 6. ed. São Paulo: Cortez, 2009.

_____. **Supervisão em serviço social**: o supervisor, sua relação e seus papéis. São Paulo: Cortez, 1994.

CADERNOS ANDES n. 2. **Proposta do Andes-SN para a Universidade Brasileira**. 4. ed. atual. e rev. Florianópolis: Andes, 2013. Disponível em: <http://portal.andes.org.br/imprensa/documentos/imp-doc-811277708.pdf>. Acesso em: 14 jun. 2019.

CALDERÓN, A. I.; PESSANHA, J. A. O.; SOARES, V. L. P. C. **Educação superior**: construindo a extensão universitária nas IES particulares. São Paulo: Xamã, 2007.

CARLOS, J. G. **Interdisciplinaridade no ensino médio**: desafios e potencialidades. 172 f. Dissertação (Mestrado em Ensino de Ciências) – Universidade de Brasília, Brasília, 2007. Disponível em: <http://repositorio.unb.br/bitstream/10482/2961/1/2007_JairoGoncalvesCarlos.pdf>. Acesso em: 11 jun. 2019.

CARVALHO, F. A. de. O serviço social e a interdisciplinaridade. **Revista Diálogos**, Brasília, v. 18, n. 1, p. 74-79, dez. 2012. Disponível em: <https://portalrevistas.ucb.br/index.php/RDL/article/view/3915/2392>. Acesso em: 11 jun. 2019.

CASTELLS, M. **A sociedade em rede**. Tradução de Roneide Venancio Majer. 10. ed. São Paulo: Paz e Terra, 2001.

CATANI, A. M. **O que é capitalismo?** 35. ed. São Paulo: Brasiliense, 2011.

CATANI, A. M.; OLIVEIRA, J. F. de. **Educação superior no Brasil**: reestruturação e metamorfose das universidades públicas. Petrópolis: Vozes, 2002.

CATANI, A. M.; OLIVEIRA, J. F. de; DOURADO, L. F. Política educacional, mudanças no mundo do trabalho e reforma curricular dos cursos de graduação no Brasil. **Educação & Sociedade**, v. 22, n. 75, p. 67-83, ago. 2001. Disponível em: <http://www.scielo.br/pdf/es/v22n75/22n75a06.pdf>. Acesso em: 11 jun. 2019.

CAVALCANTE, A. S.; REIS, M. L.; LIRA, S. A. de. Interdisciplinaridade e questão social: novo paradigma no trabalho do serviço social na Amazônia. In: CIRCUITO DE DEBATES ACADÊMICOS, 1., 2011, Brasília. **Anais**... Brasília:

Ipea, 2011. Disponível em: <http://www.ipea.gov.br/code2011/chamada2011/pdf/area2/area2-artigo30.pdf>. Acesso em: 11 jun. 2019.

CÉSAR, S. B. **A indissociabilidade ensino, pesquisa, extensão e a gestão do conhecimento**: estudo em universidade brasileira. 44 f. Projeto de Pesquisa (Mestrado em Sistema de Informação e Gestão do Conhecimento) – Universidade Fumec, Belo Horizonte, 2013. Disponível em: <http://www.fumec.br/revistas/sigc/article/view/1918/1226>. Acesso em: 15 mar. 2019.

CFESS – Conselho Federal de Serviço Social. **Código de ética do/a assistente social**. Brasília, 1993. Disponível em: <http://www.cfess.org.br/arquivos/CEP_CFESS-SITE.pdf>. Acesso em: 11 jun. 2019.

_____. **Meia formação não garante um direito**: o que você precisa saber sobre a supervisão direta de estágio em Serviço Social. Cartilha Estágio Supervisionado. Brasília, 2012. Disponível em: <http://www.cfess.org.br/arquivos/BROCHURACFESS_ESTAGIO-SUPERVISIONADO.pdf>. Acesso em: 18 mar. 2019.

_____. **Resolução n. 493**, de 21 de agosto de 2006. Disponível em: <http://www.cfess.org.br/arquivos/Resolucao_493-06.pdf>. Acesso em: 18 mar. 2019.

_____. **Resolução n. 533**, de 29 de setembro de 2008. Disponível em: <http://www.cfess.org.br/arquivos/Resolucao533.pdf>. Acesso em: 18 mar. 2019.

CHAUI, M. de S. A. A universidade pública sob nova perspectiva. **Revista Brasileira de Educação**, Rio de Janeiro, n. 24, p. 5-15, set./dez. 2003. Disponível em: <http://www.scielo.br/pdf/rbedu/n24/n24a02.pdf>. Acesso em: 11 jun. 2019.

COUTINHO, C. N. Pluralismo: dimensões teóricas e políticas. **Cadernos ABESS**, São Paulo, n. 4, p. 5-17, 1991. Disponível em: <http://www.abepss.org.br/arquivos/anexos/pluralismo-dimensoes-teoricas-e-politicas-carlos-nelson-coutinho-201609020227748416940.pdf>. Acesso em: 14 jun. 2019.

DOMINGUES, I. Em busca do método. In: _____. (Org.). **Conhecimento e transdisciplinaridade II**: aspectos metodológicos. Belo Horizonte: Ed. da UFMG, 2005. p. 17-40.

FAZENDA, I. (Org.). **O que é interdisciplinaridade?** 2. ed. São Paulo: Cortez, 2013.

FERNANDES, M. C. T.; SILVA, M. A. D. da; JOANINI, S. C. F. A extensão na relação com o ensino de graduação em Serviço Social. In: CONGRESSO BRASILEIRO DE ASSISTENTES SOCIAIS, 9., 1998, Goiânia.

FERREIRA, M. J. M. A. Novas tecnologias na sala de aula. 33 f. Monografia (Especialização em Fundamentos da Educação: Práticas Pedagógicas Interdisciplinares) – Universidade Estadual da Paraíba, Sousa, 2014. Disponível em: <http://dspace.bc.uepb.edu.br/jspui/bitstream/123456789/6325/1/PDF%20-%20Maria%20Jos%C3%A9%20Morais%20Abrantes%20Ferreira.pdf>. Acesso em: 31 maio 2019.

FIGUEIREDO, D. A. G. et al. Notas sobre o estágio em Serviço Social no programa de educação ambiental com comunidades costeiras. In: ENCONTRO NACIONAL DE PESQUISADORES EM SERVIÇO SOCIAL, 13., 2012, Juiz de Fora.

FORPROEX – Fórum de Pró-Reitores de Extensão das Universidades Públicas Brasileiras. **Política Nacional de Extensão Universitária**. Manaus, maio 2012. Disponível em: <http://proex.ufsc.br/files/2016/04/Pol%C3%ADtica-Nacional-de-Extens%C3%A3o-Universit%C3%A1ria-e-book.pdf>. Acesso em: 30 maio 2019.

FOSSI, L. B.; GUARESCHI, N. M. de F. A psicologia hospitalar e as equipes multidisciplinares. **Revista da SBPH**, Rio de Janeiro, v. 7, n. 1, jun. 2004. Disponível em: <http://pepsic.bvsalud.org/scielo.php?script=sci_arttext&pid=S1516-08582004000100004>. Acesso em: 11 jun. 2019.

GATTÁS, M. L. B.; FUREGATO, A. R. F. Interdisciplinaridade: uma contextualização. **Acta Paulista de Enfermagem**, São Paulo, v. 19, n. 3, p. 323-327, jul./set. 2006. Disponível em: <http://www.scielo.br/pdf/ape/v19n3/a11v19n3.pdf>. Acesso em: 18 mar. 2019.

GOMES, N. A. Serviço social e interdisciplinaridade: confluências e desafios. In: SIMPÓSIO MINEIRO DE ASSISTENTES SOCIAIS, 4., 2016, Belo Horizonte. **Anais**... Disponível em: <http://cress-mg.org.br/hotsites/Upload/Pics/b0/b05174b2-f299-4679-8d9a-70cdd43580ed.pdf>. Acesso em: 18 mar. 2019.

GONÇALVES, N. G. Indissociabilidade entre ensino, pesquisa e extensão: um princípio necessário. **Perspectiva**, Florianópolis, v. 33, n. 3, p. 1229-1256, set./dez. 2015. Disponível em: <https://periodicos.ufsc.br/index.php/perspectiva/article/view/2175-795X.2015v33n3p1229>. Acesso em: 18 mar. 2019.

GOULART, D. C. S. A dimensão ético-política no fortalecimento do estágio supervisionado em Serviço Social. In: SIMPÓSIO MINEIRO DE ASSISTENTES SOCIAIS, 3., 2013, Belo Horizonte. **Anais...** Disponível em: <http://www.cress-mg.org.br/arquivos/simposio/A%20DIMENS%C3%83O%20%C3%89TICO%20POL%C3%8DTICA%20NO%20FORTALECIMENTO%20DO%20EST%C3%81GIO%20SUPERVISIONADO%20EM%20SERVI%C3%87O%20SOCIAL.pdf>. Acesso em: 15 mar. 2019.

GUERRA, Y. A dimensão investigativa no exercício profissional. In: CFESS – Conselho Federal de Serviço Social; ABEPSS – Associação Brasileira de Ensino e Pesquisa em Serviço Social (Org.). **Serviço social**: direitos sociais e competências profissionais. Brasília, 2009. p. 701-718.

_____. A dimensão técnico-operativa do exercício profissional. In: SANTOS, C. M; BACKX, S; GUERRA, Y. (Org.). **A dimensão técnico-operativa no serviço social**: desafios contemporâneos. Juiz de Fora: UFJF, 2012. p. 39-70.

_____. _____. In: SANTOS, C. M; BACKX, S; GUERRA, Y. (Org.). **A dimensão técnico-operativa no serviço social**: desafios contemporâneos. 3. ed. São Paulo: Cortez, 2017. p. 31-54.

_____. Análise dos Dados da Pesquisa sobre o Estado da Arte da Implementação das Novas Diretrizes Curriculares. Oficina descentralizada de ABEPSS "10 Anos de diretrizes curriculares – um balanço necessário". Universidade Federal de Juiz de Fora, 2006.

GUERRA, I.; BRAGA, M. E. Supervisão em serviço social. In: CFESS – Conselho Federal de Serviço Social; ABEPSS – Associação Brasileira de Ensino e Pesquisa em Serviço Social (Org.). **Serviço social**: direitos sociais e competências profissionais. Brasília, 2009. p. 531-552.

IAMAMOTO, M. V. A formação acadêmico-profissional no Serviço Social brasileiro. **Serviço Social & Sociedade**, São Paulo, n. 120, p. 609-639, out./dez. 2014. Disponível em: <http://www.cressrn.org.br/files/arquivos/55d6Pe5x8P5qhN3J0269.pdf>. Acesso em: 13 jun. 2019.

_____. O serviço social na cena contemporânea. In: CFESS – Conselho Federal de Serviço Social; ABEPSS – Associação Brasileira de Ensino e Pesquisa em Serviço Social (Org.). **Serviço social**: direitos sociais e competências profissionais. Brasília, 2009. p. 15-50.

_____. **O serviço social na contemporaneidade**: dimensões históricas, teóricas e ético-políticas. Fortaleza: Expressão Gráfica e Editora, 1997. (Coleção Debate, n. 6).

_____. **O serviço social na contemporaneidade**: trabalho e formação profissional. 23. ed. São Paulo: Cortez, 2013.

IAMAMOTO, M. V.; CARVALHO, R. de. **Relações sociais e serviço social no Brasil**: esboço de uma interpretação histórico-metodológica. 41. ed. São Paulo: Cortez, 2014.

JORGE, E. M.; PONTES, R. N. A Interdisciplinaridade e o Serviço Social: estudo das relações entre profissões. **Revista Textos & Contextos**, Porto Alegre, v. 16, n. 1, p. 175-187, jan./jul. 2017. Disponível em: <http://revistaseletronicas.pucrs.br/ojs/index.php/fass/article/download/26444/15750>. Acesso em: 11 jun. 2019.

LEWGOY, A. M. B. O estágio supervisionado em serviço social: desafios e estratégias para a articulação entre formação e exercício profissional. **Revista Temporalis**, Brasília, ano 13, n, 25, p. 63-90, jan./jun. 2013. Disponível em: <https://dialnet.unirioja.es/descarga/articulo/5017107.pdf>. Acesso em: 11 jun. 2019.

_____. **Supervisão de estágio em serviço social**: desafios para a formação e o exercício profissional. 2. ed. São Paulo: Cortez, 2010.

MARTINELLI, M. L.; RODRIGUES, M. L.; MUCHAIL, S. T. (Org.). **O uno e o múltiplo nas relações entre as áreas do saber**. 2. ed. São Paulo: Cortez/Educ, 1995.

MARX, K. **Teorias da mais-valia**: Livro 4. 2. ed. São Paulo: Bertrand Brasil, 1987. v. 1.

MAZZILLI, S.; MACIEL, A. S. A indissociabilidade entre ensino, pesquisa e extensão: caminhos de um princípio constitucional.

In: REUNIÃO ANUAL DA ANPED, 33., 2010, Caxambú. **Anais**... Disponível em: <http://www.anped11.uerj.br/Indissociabilidade. pdf>. Acesso em: 11 jun. 2019.

MINAYO, M. C. de S. Interdisciplinaridade: funcionalidade ou utopia. **Saúde e Sociedade**, São Paulo, v. 3, n. 2, p. 42-64, 1994. Disponível em: <http://www.scielo.br/pdf/sausoc/v3n2/04.pdf>. Acesso em: 30 maio 2019.

MOITA, F. M. G. da S. C.; ANDRADE, F. C. B. de. Ensino-pesquisa-extensão: um exercício de indissociabilidade na pós-graduação. **Revista Brasileira de Educação**, v. 14, n. 41, p. 269-280, maio/ago. 2009. Disponível em: <http://www.scielo.br/pdf/rbedu/v14n41/v14n41a06.pdf>. Acesso em: 11 jun. 2019.

MORIN, E.; LE MOIGNE, J.-L. **A inteligência da complexidade**. São Paulo: Petrópolis, 2000.

NETTO, J. P. A construção do projeto ético-político do serviço social frente à crise contemporânea. In: CEAD – Centro de Educação a Distância; ABEPSS – Associação Brasileira de Ensino e Pesquisa em Serviço Social; CFESS – Conselho Federal de Serviço Social. **Capacitação em serviço social e política social**. Brasília, 1999. Módulo 1. p. 91-111.

_____. **Ditadura e serviço social**: uma análise do serviço social no Brasil pós-64. 17. ed. São Paulo: Cortez, 2015.

_____. Introdução ao método na teoria social. In: CFESS – Conselho Federal de Serviço Social; ABEPSS – Associação Brasileira de Ensino e Pesquisa em Serviço Social (Org.). **Serviço social**: direitos sociais e competências profissionais. Brasília, 2009. p. 667-700.

NETTO, J. P.; BRAZ, M. **Economia política**: uma introdução crítica. 6. ed. São Paulo: Cortez, 2006.

OLIVEIRA, C. A. H. da S. **A centralidade do estágio supervisionado na formação profissional em serviço social**. Dissertação (Doutorado em Serviço Social) – Universidade Estadual Paulista Júlio de Mesquita Filho, Franca, 2003.

_____. O estágio supervisionado na formação profissional do assistente social: desvendando significados. **Revista Serviço Social & Sociedade**, São Paulo, n. 80, p. 59-81, 2004.

ORTIZ, F. da S. G. Desafios contemporâneos para o processo de estágio e supervisão em serviço social. In: FORTI, V.; GUERRA, Y. (Org.). **Serviço social**: temas, textos e contextos. 5. ed. rev. e ampl. Rio de Janeiro: Lumen Juris, 2016. p. 161-173.

_____. Interdisciplinaridade e assistência social. In: CFESS – Conselho Federal de Serviço Social. **O trabalho do/a assistente social no SUAS**: seminário nacional. Brasília, 2011. p. 188-199.

PINTO, M. B. Mudanças no trabalho do assistente social: exercício e formação profissional. In: SANTOS, C. M. dos; LEWGOY, A. M. B.; ABREU, M. H. E. **A supervisão de estágio em serviço social**: aprendizados, processos e desafios. Rio de Janeiro: Lumen Juris, 2016. p. 57-78.

PINTO, R. M. F. Estágio e supervisão: um desafio ao ensino teórico-prático do serviço social. **Nemess Complex**, 1997. Disponível em: <http://www.nemesscomplex.com.br/anexos/estagio_e_supervisao_pintormf.pdf>. Acesso em: 15 mar. 2019.

PIVETTA, H. M. F. et al. Ensino, pesquisa e extensão universitária: em busca de uma integração efetiva. **Linhas Críticas**, Brasília, v. 16, n. 31, p. 377-390, jul./dez. 2010. Disponível em: <http://periodicos.unb.br/index.php/linhascriticas/article/view/3634/3319>. Acesso em: 11 jun. 2019.

PONTES, Reinaldo Nobre. **Mediação e serviço social**: um estudo preliminar sobre a categoria teórica e sua apropriação pelo serviço social. 4.ed. São Paulo: Cortez, 2007

POOLI, J. P. Ciência e interdisciplinaridade: os novos desafios do currículo escolar. In: ACOSTA, A. J. et al. **Projetos interdisciplinares**. Curitiba: InterSaberes, 2013. p. 13-30. (Série Gestão Educacional).

RAMOS, A.; SANTOS, F. H. C. dos. Articulação entre supervisão de campo e acadêmica em Serviço Social. **Temporalis**, Brasília, ano 16, n. 31, p. 281-303, jan./jun. 2016. Disponível em: <http://periodicos.ufes.br/temporalis/article/view/12301/10109>. Acesso em: 11 jun. 2019.

RAMOS, M. A. et al. O estágio na formação profissional: o debate sobre os desafios e as formas de enfrentamento. In: ENCONTRO NACIONAL DE PESQUISADORES EM SERVIÇO SOCIAL – ENPESS, 9., Porto Alegre. **Anais...** Porto Alegre: PUCRS, 2004.

RIBEIRO, E. B. O estágio no processo de formação do assistente social. In: FORTI, V.; GUERRA, Y. (Org.). **Serviço social**: temas, textos e contextos. 5. ed. rev. e ampl. Rio de Janeiro: Lumen Juris, 2016. p.

RODRIGUES, M. L. O serviço social e a perspectiva interdisciplinar. In: MARTINELLI, M. L.; RODRIGUES, M. L.; MUCHAIL, S. T. (Org.). **O uno e o múltiplo nas relações entre as áreas do saber**. 2. ed. São Paulo: Cortez/Educ, 1998.

RODRIGUES, J. dos S.; CARMO, P. C. da C. S. do. Estágio supervisionado em serviço social: desafios e limites para o supervisor e o discente no processo de formação profissional. **Revista Uniabeu**, Belford Roxo, v. 3, n. 5, set./dez. 2010. Disponível em: <https://revista.uniabeu.edu.br/index.php/RU/article/view/63/123>. Acesso em: 11 mar. 2019.

ROSA, L. D. Princípios do Código de Ética profissional. Equidade e justiça social no serviço social. **Boletim Bimestral Conexão Geraes**, ano 1, n. 4, p. 3-4, fev./mar. 2017. Disponível em: <http://cress-mg.org.br/Upload/Pics/9f/9ff59468-3452-4374-b828-11043a11e470.pdf>. Acesso em: 11 mar. 2019.

SAMPAIO, C. C. et al. Interdisciplinaridade em questão: análise de uma política de saúde voltada à mulher. In: SÁ, J. L. M. de (Org.). **Serviço social e interdisciplinaridade**: dos fundamentos filosóficos à prática interdisciplinar no ensino, pesquisa e extensão. São Paulo: Cortez, 1989. p. 77-94.

SANTOS, C. M. dos. A dimensão técnico-operativa e os instrumentos e técnicas no Serviço Social. **Revista Conexão Geraes**, n. 3, ano 2, p. 25-30, jul./dez. 2013. Disponível em: <http://www.cress-mg.org.br/arquivos/Revista-3.pdf>. Acesso em: 30 maio 2019.

SANTOS; ARAÚJO, 2016.

SANTOS, A. M.; BACKX, S.; GUERRA, I. **A dimensão técnico-operativa no serviço social**: desafios contemporâneos. 3. ed. São Paulo: Cortez, 2017.

SEVERINO, A. J. Subsídios para uma reflexão sobre novos caminhos da interdisciplinaridade. In: SÁ, J. L. M. de (Org.). **Serviço social e interdisciplinaridade**: dos fundamentos filosóficos à prática interdisciplinar no ensino, pesquisa e extensão. 8. ed. São Paulo: Cortez, 2010. p. 11-21.

SILVA, M. das G. M. F. da. Marxismo, pluralismo e formação profissional do assistente social. **Teoria Política & Social**, v. 1, n. 1, p. 145-150, dez. 2008. Disponível em: <http://www.periodicos.ufpb.br/ojs2/index.php/tps/article/download/2960/2521>. Acesso em: 11 jun. 2019.

SILVA, M. M. J. da. **A materialização do Projeto Ético-Político do Serviço Social**. Campinas: Papel Social, 2012.

SILVA, R. S. da. A formação profissional crítica em Serviço Social inserida na ordem do capital monopolista. **Serviço Social & Sociedade**, n. 103, p. 405-432, jul./set. 2010. Disponível em: <http://www.scielo.br/pdf/sssoc/n103/a02n103.pdf>. Acesso em: 11 jun. 2019.

SILVA, S. Aprendizagem ativa. **Revista Ensino Superior**, 15 jul. 2013. Disponível em: <http://revistaensinosuperior.com.br/aprendizagem-ativa/>. Acesso em: 31 maio 2019.

SILVA, T. T. da. **Documentos de identidade**: uma introdução às teorias do currículo. Belo Horizonte: Autêntica, 1999.

WERNER, M. Um olhar sobre o estágio obrigatório na formação do profissional de Serviço Social na Faculdade Padre João Bagozzi. 80 f. Trabalho de Conclusão de Curso (Graduação em Serviço Social) – Faculdade Padre João Bagozzi, Curitiba, 2015.

YAZBEK, M. C. Fundamentos históricos e teórico-metodológicos do serviço sócia brasileiro na contemporaneidade. In: CFESS – Conselho Federal de Serviço Social; ABEPSS – Associação Brasileira de Ensino e Pesquisa em Serviço Social (Org.). **Serviço social**: direitos sociais e competências profissionais. Brasília, 2009a. p. 143-164.

YAZBEK, M. C. O significado sócio-histórico da profissão. In: CFESS – Conselho Federal de Serviço Social; ABEPSS – Associação Brasileira de Ensino e Pesquisa em Serviço Social (Org.). **Serviço social**: direitos sociais e competências profissionais. Brasília, 2009b. p. 125-142.

Respostas

Capítulo 1

Questões para reflexão

1. b
2. d
3. c
4. O Fórum Permanente de Supervisão em Serviço Social é o espaço em que os atores envolvidos no processo de supervisão refletem, discutem, questionam e vinculam sua prática numa perspectiva de horizontalidade, articulando as dimensões da profissão e contextualizando, com os supervisores, o papel da supervisão no processo de formação da categoria profissional.
5. A dimensão teórico-metodológica da profissão diz respeito ao entendimento do método e das teorias que embasam a ação profissional, atribuindo

finalidade e direção social à intervenção pautada no conhecimento teórico-crítico da realidade que se materializa nos espaços sócio-ocupacionais do assistente social.

Capítulo 2

Questões para revisão

1. c
2. b
3. c
4. A Lei n. 8.662/1993 institui a responsabilidade pelo credenciamento dos campos de estágio, pela comunicação aos Conselhos Regionais a respeito dos campos e pela indicação do assistente social responsável pela supervisão. A lei ainda afirma a supervisão de estágio em Serviço Social como ação privativa do assistente social, de posse de seus direitos profissionais.
5. Os acadêmicos de Serviço Social precisam conhecer as legislações, o regulamento do estágio e os demais documentos regulatórios da profissão, além das competências e habilidades necessárias para que possam realizar as aproximações e reflexões sobre o processo de estágio como espaço que expressa significados e intencionalidades e condições concretas que contribuam para sua formação.

Capítulo 3

Questões para revisão

1. c
2. b
3. d

4. A interdisciplinaridade favorece a troca de saberes, potencializa a articulação e o debate sobre a realidade social sob várias perspectivas, em prol de uma mudança de atitude que permita a elaboração de estratégicas que atendam às demandas da sociedade.

5. Os projetos de extensão são uma forma de as universidades contribuírem com a sociedade/comunidade no sentido de atenderem suas necessidades. Eles têm caráter interdisciplinar e envolvem alunos e professores de diferentes cursos, bem como representantes da sociedade civil e do Estado. Englobam o conhecimento, a produção de conhecimento e a aplicação do conhecimento, relacionando e contextualizando a teoria na realidade que se apresenta, sempre considerando as questões ético-políticas e teórico-metodológicas da profissão.

Capítulo 4

Questões para revisão

1. c
2. a
3. c
4. Promovendo a interlocução horizontal entre as diversas áreas de conhecimento, de forma a oportunizar a troca de saberes e práticas, sem desconsiderar as particularidades de cada profissão nem a natureza de cada um dos sujeitos envolvidos.
5. Para essa autora, o ensino, a pesquisa e a extensão devem ser conduzidos na perspectiva interdisciplinar, que exige do assistente social um trabalho coletivo com as diversas especializações para superar a fragmentação entre as diversas disciplinas.

Capítulo 5

Questões para revisão

1. d
2. b
3. b
4. A supervisão de estágio deve pautar-se na reflexão e ser pensada como prática que objetiva a emancipação e o compromisso político com os processos sociais. Ela deve se configurar uma ação que requer planejamento conjunto entre os entes envolvidos e compromisso com uma formação pautada nos preceitos éticos e ideológicos do serviço social.
5. Cumprir com as exigências para a inserção nos campos de estágio, ser criativo, investigativo, responsável pelo seu processo de aprendizagem, obedecer à carga horária exigida pelo curso para a formação, ser ético e, segundo a ABEPPS (2010), compreender a realidade social e construir saberes que solidifiquem a formação da identidade profissional.

Capítulo 6

Questões para revisão

1. b
2. a
3. c
4. c

5. Porque o assistente social é um trabalhador e, como qualquer outro, está sujeito às pressões e à exploração do mercado de trabalho e sua atuação como mediador e propositor de ações a favor do trabalhador nem sempre é bem aceita pelo empregador. Devemos considerar que a prática se desenvolve pelo embate entre contradições objetivas e intencionalidades do sujeito profissional, o que pode gerar tanto uma atuação conservadora quanto uma atuação condizente com o Projeto Ético-Político da profissão.

6. O objetivo do estágio supervisionado é a construção da identidade profissional do aluno, o que requer posicionamento reflexivo e crítico pautado nos conhecimentos teóricos que embasam a profissão.

Sobre as autoras

Adriane Bührer Baglioli Brun é graduada em Serviço Social (1990) pela Pontifícia Universidade Católica do Paraná (PUCPR) e mestre em Educação (2001) pela mesma instituição. Tem experiência nas áreas de saúde, política da habitação e serviço social. Nesta última, sempre atuou como supervisora de campo ou acadêmica. Atualmente, é docente e coordenadora de estágio do curso de bacharelado em Serviço Social do Centro Universitário Internacional Uninter, ministrando as disciplinas de Estado e Serviço Social no Brasil, Fundamentos Histórico-Metodológicos do Serviço Social – Dimensão Positivista, Serviço Social e Processo de Trabalho, Trabalho e Sociabilidade, Supervisão de Estágio, Supervisão Técnica e Acadêmica em Serviço Social, PBL e Metodologia Científica. É pesquisadora do Grupo de

Estudo e Pesquisa Trabalho, Formação e Sociabilidade (GETFS) da Uninter, inserido no projeto de pesquisa Formação, identidade e práticas profissionais.

Sandra Aparecida Silva dos Santos é graduada em Serviço Social (1987) pela Universidade Federal de Juiz de Fora (UFJF), mestre em Gestão da Informação (2012) pela Universidade Estadual de Londrina (UEL) e mestre em Ciência da Educação (2006) pela Universidade Internacional de Lisboa, Portugal. Trabalha como assistente social na Secretaria de Estado da Saúde do Paraná. Ministra as disciplinas de Ética e Serviço Social, Ética no Trabalho com Famílias, Estudo de Viabilidade de Programas e Projetos Sociais, Trabalho de Conclusão de Curso, Supervisão de Estágio e Supervisão Técnica e Acadêmica de Serviço Social, atuando também como supervisora de campo. É professora-conteudista de ensino a distância (EaD) do Centro Universitário Internacional Uninter.

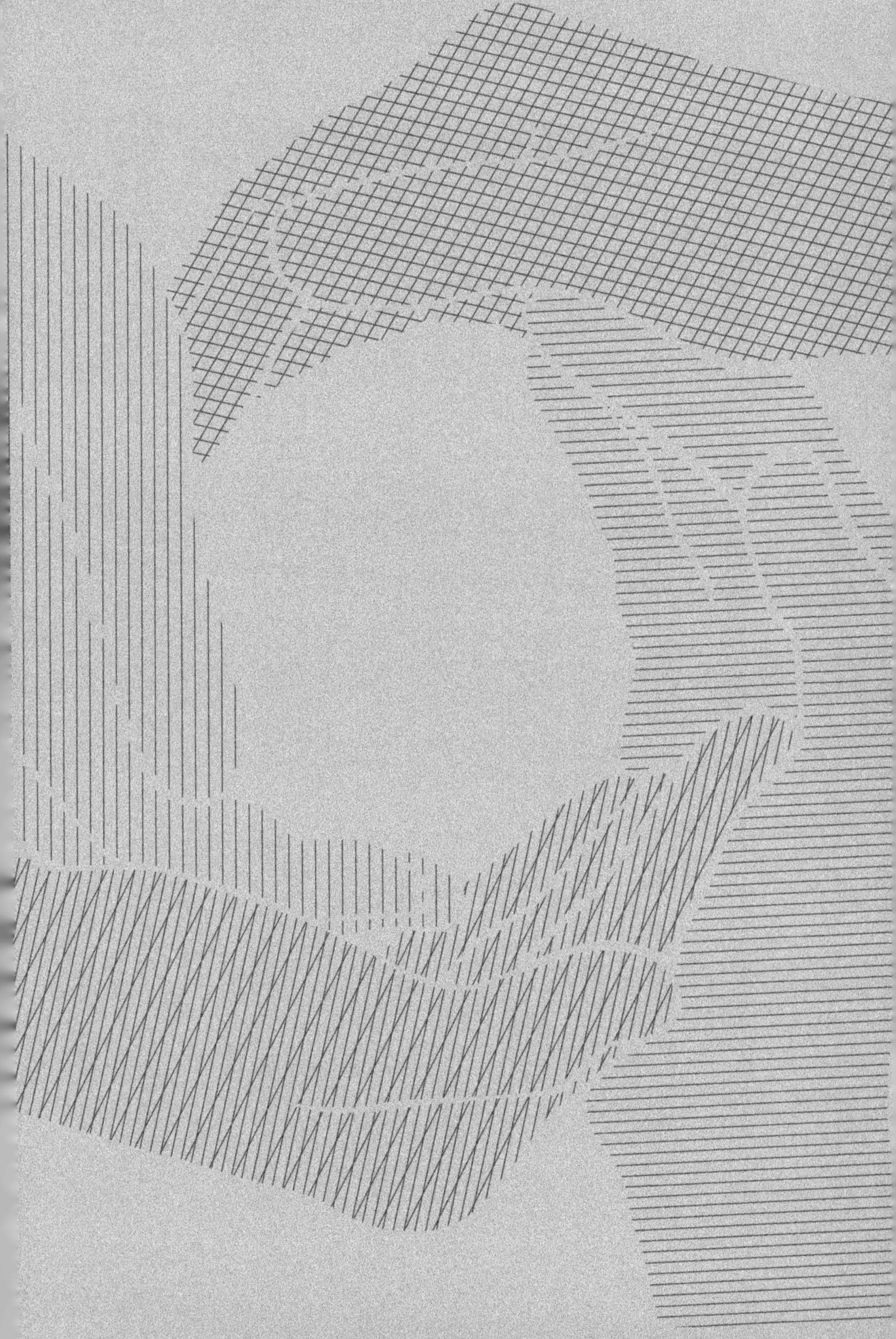

Os papéis utilizados neste livro, certificados por instituições ambientais competentes, são recicláveis, provenientes de fontes renováveis e, portanto, um meio sustentável e natural de informação e conhecimento.

MISTO
Papel produzido
a partir de
fontes responsáveis
FSC® C057341

Impressão: Log&Print Gráfica & Logística S.A.
Julho/2020